세계사 상식을 넓혀주는 역사동화

1492,
산타마리아호

1492, 산타마리아호

1판 1쇄 인쇄 | 2008. 9. 17.
1판 4쇄 발행 | 2014. 5. 12.

오세영 글 | 정병수 그림

발행처 김영사 | **발행인** 박은주 | **편집인** 박숙정
편집주간 전지운 | **편집** 고영완 문자영 김지아 박은희 김효성 김보민
디자인 김순수 전성연 김민혜 윤소라 고윤이
만화연구소 김준영 김재윤 | **해외저작권** 김소연
마케팅부 이희영 이재균 김형준 양봉호 강점원 정완교 이지현
제작부 안해룡 박상현 김일환 김수연
등록번호 제 406-2003-036호
등록일자 1979. 5. 17.
주소 경기도 파주시 문발로 197(우-413-120)
전화 마케팅부 031-955-3102 | **편집부** 031-955-3113~20 | **팩스** 031-955-3111

저작권자 ⓒ 2008 오세영
이 책의 저작권은 저자에게 있습니다.
저자와 출판사의 허락 없이 내용의 일부를 인용하거나 발췌하는 것을 금합니다.

값은 표지에 있습니다.
ISBN 978-89-349-3154-6 73900

좋은 독자가 좋은 책을 만듭니다. 김영사는 독자 여러분의 의견에 항상 귀 기울이고 있습니다.
독자의견전화 031-955-3139 | 전자우편 book@gimmyoung.com
홈페이지 www.gimmyoungjr.com | 어린이들의 책놀이터 cafe.naver.com/gimmyoungjr

세계사 상식을 넓혀주는 역사동화

1492,
산타마리아호

오세영 글 | 정병수 그림

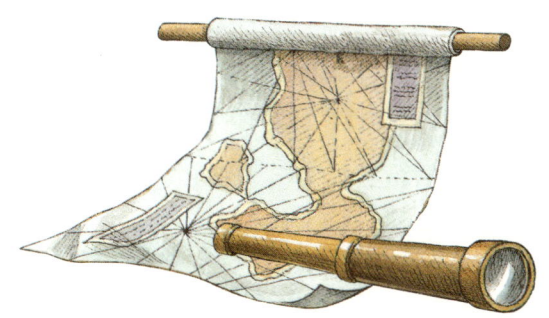

주니어김영사

역사동화를 시작하며

《1492, 산타마리아호》는 역사동화다. 역사동화는 말 그대로 역사와 동화가 합쳐진 것으로 세계명작동화와 세계위인전이 하나의 이야기 속에 맞물려 돌아가는 글이다. 그러니까 《1492, 산타마리아호》는 1492년의 콜럼버스의 항해와 관련된 역사적 지식과 흥미진진한 모험담을 동시에 담아보고 싶은 욕망에서 비롯된 글이다.

나는 글을 쓰면서 늘 역사적 사실에 허구의 이야기를 가미하는 팩션과 재미와 정보를 동시에 추구하는 에듀테인먼트를 염두에 두고 있다. 그것은 아마도 나를 역사작가로 이끈 두 기둥 - 어린 시절에 밤을 새워가며 재미있게 읽었던 세계명작동화와 처음으로 역사와 만나게 해 주었던 세계위인전 - 에 대한 고마움에서 비롯되었을 것이다.

역사동화는 그렇게 글쓰기를 시작했던 역사소설의 주니어 버전이며 《1492, 산타마리아호》는 이어서 출간될 역사동화 시리즈의 첫 번째 주자인 셈이다.

《1492, 산타마리아호》를 쓴 이유는 또 하나 있다. 우리 동화는 생활 동화에 국한되어 있고 넓은 세계, 꿈의 세계를 다룬 글들은 전부 번역물이 차지하고 있는 현실이 내게는 큰 불만이었다. 《1492, 산타마리아호》를 통해서 새로운 영역이 개척되었으면 하는 마음이다.

흔히 역사는 내일을 내다보는 거울이며 상상력은 무한한 힘을 지니고 있다고 한다. 그렇다면 역사의 바탕 위에서 상상의 세계를 펼치는 역사동화는 충분히 읽을 가치가 있는 글일 것이다.

오세영

등장인물

로이

동방 항해를 꿈꾸는 13세 소년. 팔로스에서 홀어머니와 여관을 운영하고 있다. 예상치 못한 사건으로 동양을 찾아나서는 콜럼버스의 배에 타게 된다. 배에서 온갖 위험에 처하지만 희망을 잃지 않는다.

크리스토퍼 콜럼버스

동방 항로를 개척하기 위해 평생을 바친 인물. 의지가 강하고 인내심이 많다. 힘든 바다 생활과 몇 번의 위기에도 굴하지 않고 선원들을 격려하고 이끌어 신대륙을 찾는 데 성공한다.

알 하티브

나사리 왕가의 마지막 왕자. 하지만 크리스트교도인 이사벨라와 사랑에 빠져, 함께 도망치기 위해 콜럼버스 선단에 수석 항해사로 합류한다.

이사벨라

귀족 가문의 여인. 크리스트교로 개종을 거부한 무어 인 알 하티브와 사랑에 빠져 도망쳤다. 신분을 숨기기 위해 남장을 하고 다닌다.

에르난데스

팔로스의 싸움꾼으로 악명 높은 인물. 하급 선원으로 콜럼버스 선단에 합류하지만, 유대인들과 짜고 선상 반란을 일으킨다.

오로바타

카나리아 제도의 원주민 소년. 선상 반란을 일으킨 선원들에게 쫓겨 섬으로 도망친 로이를 도와준다.

역사동화를 시작하며 … 4

등장인물 … 6

팔로스 항구 … 11

제독 부인의 고민 … 35

미지의 세계를 찾아서 … 71

배 안에 드리워진 검은 그림자 … 82

선상 반란 … 103

쫓기는 로이 … 121

핀타호를 되찾다 … 143

희망의 태엽 시계 … 176

위기의 산타마리아호 ... 200

드디어 도착하다 ... 227

그 후 ... 238

'콜럼버스의 신대륙 발견'의 의의 ... 241

콜럼버스·바스코 다 가마의 항해 지도 ... 242

팔로스 항구

　7월. 에스파냐 남부 안달루시아의 작은 항구인 팔로스는 많은 사람들로 붐볐다. 크리스토퍼 콜럼버스가 석 달 전 에스파냐의 이사벨라 여왕과 페르난도 국왕에게 인디아 출항을 허락 받은 후로 배에서 일하려는 사람들과 그들을 상대로 장사를 하려는 사람들이 각지에서 모여든 것이다.
　태양이 파도가 끊임없이 밀려오는 안달루시아의 해안을 강렬하게 비추고 있었다.
　열세 살 소년 로이는 수평선 너머를 바라보았다. 바다! 바다는 로이의 꿈이고 희망이다. 배를 타고 저 수평선 너머 먼 바다로 나가 봤으면…….
　수평선 너머를 물끄러미 바라보던 로이는 걸음을 돌려서 항구로 향했다. 언제까지나 꿈에 젖어 있을 수는 없었기 때문이다.

로이는 홀로 된 엄마와 뱃사람들을 상대로 싼 여관을 운영하면서 생계를 꾸려가고 있었다. 벌써 며칠째 공을 쳤으니 오늘은 어떻게 해서든 손님을 찾아야 했다. 로이는 부지런히 항구로 내달렸다.

항해사 같은 고급 선원들은 당연히 싼 여관을 찾지 않을 것이다. 결국 허드렛일을 하는 하급 선원들을 찾아야 하는데, 콜럼버스 선단에서 일하려는 사람에게는 과거에 지은 죄를 사면해 준다는 소문이 퍼지면서 팔로스에는 부랑자를 포함해 별의별 사람들이 다 모여들었다. 그러니 아무나 손님으로 받았다가는 나중에 숙박료를 떼일지도 모를 일이다.

"로이, 오늘은 손님을 찾았니?"

누가 뒤에서 큰 소리로 물었다. 돌아보니 파블로 아저씨였다.

"아뇨. 며칠째 손님 구경도 못하고 있어요."

로이가 투덜댔다.

파블로 아저씨는 콜럼버스 선단에서, 요리사로 일할 예정이었다.

"그렇게 계속 공을 치니 엄마가 이만저만 걱정이 아니겠구나. 혹시 네가 게으름을 피우는 건 아니냐?"

"그런 말씀 마세요. 손님을 데리고 가면 뭘 해요. 여관이 워낙 낡아서 손님이 발길을 돌려버리는데. 그보다도……."

뭔가 할 말이 있는지 로이가 조심스러운 표정으로 아저씨를 쳐다보았다.

"아저씨, 저도 배를 타고 싶어요. 아저씨가 엄마에게 말 좀 해 주세요."

"어림도 없는 소리! 그런 소리를 했다가는 당장 네 엄마가 네게 접시를 집어던질걸!"

아저씨가 고개를 훼훼 내저었다. 남편을 바다에서 잃은 로이의 엄마는 로이에게 절대로 배를 타면 안 된다고 틈만 나면 얘기했다.

약간의 기대를 가지고 말을 꺼냈던 로이는 풀이 죽은 채 항구로 걸음을 옮겼다. 항구에는 크고 작은 배들이 여러 척 정박해 있었고, 뱃사람들이 수시로 배에 오르내리며 짐을 옮기고 있었다. 팔로스 항구는 그 어느 때보다도 활기가 넘쳤다.

로이는 엄마에게 미안한 마음이 들었다. 엄마는 언제 손님을 데리고 올까 목을 빼고 기다리고 있을 텐데, 자신은 손님을 찾을 생각은 않고 어떻게 하면 배를 타고 바다로 나갈까 여기저기 기웃거리고 있으니 말이다.

항구를 이리저리 돌아다니던 로이는 팔로스가 처음인 듯 두리번거리고 있는 두 사람을 발견하고 얼른 다가갔다. 일거리를 찾아 팔로스까지 온 하급 선원임이 분명했다. 콜럼버스의 배가 출항하려면 아무리 빨라도 보름에서 한 달은 걸릴 것이다. 그동안에 손님이 많으면 여관을 차리면서 얻었던 빚을 갚을 수 있다.

"값싸고 깨끗한 숙소 있어요."

로이는 얼른 쫓아가서 말을 건넸다. 두 사람이 동시에 고개를 돌렸다. 그중 한 사람은 무어 인(에스파냐에 거주하는 이슬람 사람)이었고, 또 한 사람은 수도사라도 되는 양 두건을 깊이 눌러쓰고 있었다.

로이는 기대와 실망이 동시에 일었다. 가난한 무어 인이라면 싼 여관에 만족하겠지만, 나중에 돈이 없어서 숙박료를 내지 못할 수도 있으니 큰일이다.

"값이 싸고 깨끗한 숙소라고 했느냐? 좋다. 어디 한번 가 보자. 앞장서라."

무어 인이 입을 열었다. 우선은 손님을 받고 볼 일이다. 로이는 얼른 앞장을 섰고, 두 사람은 묵묵히 뒤를 따랐다.

로이가 손님을 두 사람이나 데리고 오자, 엄마가 기뻐하며 뛰어나왔다.

"좋은 집을 고르셨군요."

벌써 여러 차례 손님이 발길을 돌리는 걸 경험한 엄마는 이번에도 손님을 놓칠까 봐 조바심을 냈다.

방을 둘러본 무어 인이 동의를 구하듯 동료를 쳐다보자, 두건을 깊숙이 눌러쓴 동료가 고개를 끄덕였다. 그는 벙어리인 양 말 한 마디 하지 않았다.

"좋아요. 이곳에서 묵기로 하지요."

드디어 손님을 받게 되었다. 로이는 얼른 배낭을 받아들고 앞장서 방으로 향했다.

⚜

바닷바람이 계절이 여름으로 바뀌었음을 말해 주고 있었다. 크리스토퍼 콜럼버스는 라비다 수도원 발코니에 서서 저 멀리 펼쳐져 있는 팔로스 항구를 바라보았다. 크고 작은 배들 가운데 단연 눈에 띄는 것은 산타마리아호였다. 산타마리아호를 타고 대서양을 지나면 동양에 닿을 수 있다는 생각에 콜럼버스는 벌써부터 흥분이 되었다.

돌이켜 보면 참으로 길고도 험난한 세월이었다. 후원자를 찾아 이 나라 저 나라 헤매기를 십수 년. 포르투갈에서도 끝내 뜻을 이루지 못하다가 마침내 에스파냐의 페르난도 국왕과 이사벨라 여왕으로부터 후원을 얻게 되었다.

콜럼버스는 산타마리아호를 중심으로 좌우에 정박해 있는 핀타호와 니나호에 차례로 눈길을 주면서 두근거리는 가슴을 진정시켰다.

"여기 있었군. 모두들 기다리고 있네."

페레스 신부가 조용히 다가왔다. 페레스 신부는 이사벨라 여왕의 고해 신부로 왕실에 큰 영향력을 행사하고 있었다. 콜럼버스가 출항의 꿈을 이룰 수 있도록 적극적으로 도와준 사람도 바로 페레스 신부였다.

콜럼버스는 심호흡을 하고 페레스 신부를 따라 회의장으로 걸음을 옮겼다.

"왕의 대리인 산체스 회계관이 깐깐하게 나오겠지만, 절대로 싸우지 말게."

페레스 신부가 당부의 말을 건넸다.

콜럼버스가 회의장으로 들어서자 참석자 전원이 일제히 일어서며 선단의 책임자에게 예의를 표했다. 콜럼버스는 귀족을 의미하는 돈(Don)이라는 호칭을 쓰고 있었고, 선단의 제독이었으며, 새로 발견하는 땅의 부왕이 될 자격을 가지고 있었다.

콜럼버스는 일행을 둘러보면서 자리에 앉았다. 출항은 결정되었지만, 아직도 처리해야 할 일들이 남아 있었다.

"물자를 배에 싣는 일은 문제가 없소? 그리고 선원들은 전부 구했소?"

콜럼버스가 핀타호의 선장인 마르틴 핀손에게 물었다. 핀손 가문은 팔로스에서 대대로 해상 무역을 하던 명문가로, 핀타호의 선장인 마르틴 핀손과 니냐호의 선장인 비센테 핀손 형제의 도움이 없었다면 아무리 콜럼버스가 에스파냐 국왕의 후원을 얻었다고 해도 선단을 조직하지 못했을 것이다. 배에서 일하기로 한 선원들 대부분이 핀손 형제가 데리고 있는 선원들이었기 때문이다.

"그게……."

마르틴 핀손이 산체스 회계관을 힐끗 쳐다보며 말했다. 이번 항해에 배정된 경비는 2백만 마라베디스(에스파냐의 옛 화폐 단위)였다. 충분한 자금도 아니었고, 왕실에서 전부 후원한 돈도 아니었다.

이번에 항해할 세 척의 배 중에서 나머지 두 척을 이끌 산타마리아호는 콜럼버스가 빌린 것이고, 핀타호와 니나호는 두 배의 주인인 고메스 라스콘과 후안 니뇨가 에스파냐 왕실과의 채무 관계 때문에 울며 겨자 먹기로 제공한 것이다.

이렇게 선단 지휘부에서 조성한 자금도 꽤 됐지만 왕실에서 파견한 회계관은 행여 한 푼이라도 다른 데 쓰지는 않을까 감시의 눈초리를 번뜩이고 있었다.

"물자를 배에 싣는 일은 아무 문제가 없습니다. 그리고 갑판원이나 봉범사(돛을 꿰매는 사람) 같은 하급 선원들은 거의 다 뽑았습니다. 문제는 항해사인데……. 그동안 여러 사람을 만나 봤지만 아직 쓸 만한 사람을 찾지 못했습니다."

넓고 깊은 바다에서 배를 무사히 목적지까지 데려다 줄 유능한 항해사를 구하는 일은 튼튼한 배를 확보하는 것 이상으로 중요했다.

"항해에 필요한 물자들이 순조롭게 배에 실리고 있다니 다행이오. 하지만 출항이 이제 한 달도 채 남지 않았는데 아직까지

수석 항해사를 뽑지 못했다면 큰일 아니오?"

산타마리아호의 선장, 라 코사가 걱정스러운 표정으로 마르틴 핀손에게 물었다.

"신중을 기하고 있는 것이지요. 곧 유능한 항해사를 구할 겁니다."

콜럼버스와 산체스 회계관을 번갈아 쳐다보며 말하는 마르틴 핀손의 얼굴에는 불만이 가득했다. 하급 선원들은 최소한의 의식주만 해결해 주면 된다. 나중에 항해를 마치고 돈을 지불하는 조건으로도 얼마든지 구할 수 있지만, 유능한 항해사를 구하기 위해서는 출항 전에 상당한 돈을 지불해야 한다. 마르틴 핀손은 항해사 급료를 조금 더 올려야 하지 않겠느냐는 뜻으로 산체스 회계관을 쳐다보았다.

"왕실에서 배정된 돈은 한 푼도 축낼 수 없소. 추가 경비가 필요하면 총책임자에게 배정된 것에서 처리하도록 하시오."

산체스 회계관이 냉랭한 태도로 말했다. 에스파냐 왕실과의 약속에 따라, 콜럼버스가 새로운 항로 개척으로 얻는 이익금의 1/10을 차지하게 되어 있지만, 추가 경비를 누가 부담하느냐 등의 문제에서는 애매한 부분도 많았다. 그런데 왕실 소속의 산체스 회계관은 절대로 추가 경비에 대해 양보할 수 없다는 강경한 자세를 취하고 있었다.

"항해사 선정 문제는 선단의 제독에게 맡기는 게 어떻겠소?"

페레스 신부가 서둘러 중재안을 내놓았다. 돈을 안 주면 일을 못하겠다는 마르틴 핀손과 절대로 돈을 줄 수 없다는 산체스 회계관 사이에서 고심하는 콜럼버스에게 힘을 실어 줄 필요가 있다고 판단한 것이다. 동시에 추가로 들어가는 경비는 콜럼버스와 왕실에서 반반씩 부담하는 것이 어떻겠냐는 뜻도 포함되어 있었다.

"좋소. 선단의 수석 항해사는 내가 직접 뽑겠소."

콜럼버스는 선선히 추가 경비를 부담하겠다는 뜻도 표했다. 마르틴 핀손이 아는 항해사라고 해 봐야 지중해 정도나 항해하던 사람일 것이다. 누구도 가 보지 않은 수평선 너머의 먼 바다를 항해하는 데는 그정도의 경험으로는 부족했다. 무엇보다 강한 신념이 있어야 했다. 콜럼버스는 자신이 직접 항해사를 뽑게 된 것이 오히려 잘된 일이라고 생각했다.

혹시라도 콜럼버스와 마르틴 핀손, 그리고 산체스 회계관 사이에 충돌이 생길까 봐 마음을 졸이던 페레스 신부는 콜럼버스가 선선히 제안을 받아들이고 산체스 회계관도 별 반대를 하지 않자 안도의 숨을 내쉬었다. 선단의 제독 콜럼버스와 사실상 선원들을 장악하고 있는 핀손 형제 그리고 왕실 감독관인 산체스 회계관은 서로를 견제하고 있었다.

"별의별 사람들이 다 모여들고 있으니 선장들은 선원들을 선발하는 데 각별히 주의해 주시오."

회의가 끝나고 넓은 회의실에 콜럼버스와 페레스 신부, 두 사람만 남았다.

"강한 믿음으로 해야 하는 항해가 아닌가. 당신만한 항해사는 없을 거야."

페레스 신부가 콜럼버스의 등을 두드리며 위로했다.

유능한 항해사를 구하느냐 못 구하느냐는 항해의 성공과 실패에 직결되는 아주 중대한 문제다. 그런데 출항 일자는 다가오는데 아직도 수석 항해사를 구하지 못하고 있으니 걱정이었다. 마르틴 핀손은 돈을 이유로 댔지만, 유능한 항해술에 신념까지 갖춘 사람을 구하기는 쉽지 않을 것이다.

바다 끝은 낭떠러지여서 그곳에 가면 모조리 떨어져 죽을 것이라는 둥 악마가 바다 끝에 기다리고 있어서 모조리 잡아먹힐 것이라는 둥 별의별 소문이 다 떠돌고 있었다. 그 모든 어려움을 극복하고 선단을 안전하게 동양으로 데려다 줄 항해사를 구해야 한다.

콜럼버스는 벽에 걸려 있는 커다란 지도를 향해 천천히 걸어갔다. 유럽과 아프리카 대륙 북부는 그런 대로 자세하게 그려져 있었지만, 카나리아 제도 너머의 바다는 미지의 세계였다. 과연 저 서쪽에는 어떤 세계가 기다리고 있을까. 호기심과 함께 두려움도 생겼다. 콜럼버스 역시 남들과 다르지 않았다.

'최소한 내 위치만이라도 정확하게 알았으면…….'

나침반이 있고 사분의(90도의 눈금이 새겨져 있는, 부채 모양의 천체 고도 측정기)가 있으니 방향을 알고 위도를 측정하는 것은 문제가 없다. 문제는 경도다. 정확한 위치를 파악하려면 위도와 경도를 제대로 측정해야 하는데 일단 바다로 나가면 경도를 확인할 길이 전혀 없다. 그냥 추측과 감각으로 배를 몰 뿐이다. 내 배가 어디쯤 가고 있는지, 해안에서 얼마나 떨어져 있는지 정확한 위치를 확인할 수만 있다면 불안감을 반으로 줄일 수 있을 것이다.

"두려워 말게. 주님께서 항상 함께 하실 것일세."

페레스 신부가 다가오더니 골똘히 해도를 들여다보고 있는 콜럼버스의 어깨에 손을 얹었다.

⚜

고된 일을 마친 뱃사람들과 허드렛일을 찾아 각지에서 온 사람들이 삼삼오오 짝을 지어 싸구려 술집으로 몰려들면서 팔로스 항구는 낮보다 밤이 훨씬 시끄럽고 생동감이 넘쳐흘렀다. 선단이 결성된 이후로 팔로스는 이전과 완전히 다른 항구가 되었다.

로이는 항구의 술집을 부지런히 누비면서 여관에 머물 손님을 찾았다. 이제 손님 다섯 명만 더 있으면 빌린 돈을 모두 갚을 수 있을 것이다. 첫 손님을 받은 데에다가 보름치 숙박비까지 선불로 받았기 때문이다.

빈털터리가 아닐까 걱정했던 무어 인이 선뜻 보름치 숙박비를 선불로 건넨 것인데, 마냥 기뻐했던 엄마와 달리 로이는 의외라는 생각이 들었다. 게다가 두 사람의 그 이후 행동에는 이상한 점이 많았다.

특히 수도사처럼 두건을 깊이 눌러쓴 사람은 에스파냐 사람 같았는데, 아무리 봐도 배에서 일하기 위해 팔로스에 온 것 같지가 않았다. 무어 인도 험한 바닷일을 하던 사람같이 보이지는 않았다. 두 사람은 꼼짝 않고 여관에서만 지냈다. 집 안에서 몇 차례 마주쳤어도 에스파냐 사람은 늘 두건을 깊이 눌러쓴 채 벙어리처럼 말이 없었다.

로이는 술집으로 들어섰다. 싸구려 술집답게 하급 선원들로 가득했다. 혹시 마땅한 사람이 없을까 두리번거리고 있는데 저쪽 구석에서 누가 로이를 불렀다.

얼른 다가가던 로이는 상대가 팔로스 항구에서 싸움꾼으로 악명이 높은 에르난데스임을 알고 걸음을 멈추었다.

"꼬마야, 오늘부터 너희 집에서 묵을 테니 안내하거라."

"다른 데를 알아보세요. 우리 집은 벌써 손님이 다 찼어요."

로이는 단숨에 거절하고 얼른 발길을 돌렸다. 그러나 걸음이 떨어지지 않았다. 어느 틈에 에르난데스에게 뒷덜미를 잡힌 것이다.

"이런 건방진 놈! 손님을 구하러 돌아다니는 것을 다 아는데

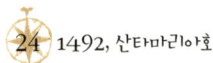

뻔한 거짓말을 해!"

"그럼 숙박비를 선불로 주세요. 우리 집은 선불이 아니면 손님을 받지 않으니까."

로이가 지지 않고 대꾸했다.

"맹랑한 놈이로군. 내가 누군지 몰라서 그런다면 지금 가르쳐 주마."

에르난데스가 언성을 높이며 솥뚜껑 같은 손을 높이 치켜들었다. 제대로 맞았다가는 몸이 성치 못할 것이다. 사람들은 에르난데스가 어떤 인간인지 익히 알고 있었기 때문에 아무도 나서서 말리려 하지 않았다.

"그만둬! 어린아이에게 무슨 짓이야!"

뒤에서 꾸짖는 목소리가 들렸다. 구경을 하던 사람들의 시선이 일제히 소리친 사람에게 쏠렸다. 30대 초반으로 보이는 남자로, 이런 싸구려 술집에는 어울리지 않는 차림이었다.

"뭐야, 귀족께서 행차라도 하셨나."

에르난데스가 어이없다는 표정으로 남자에게 다가갔다. 팔로스에서 에르난데스에게 시비를 거는 사람은 없었다.

"에르난데스, 한 방에 날려 버려."

패거리들이 남자를 에워싸며 에르난데스를 부추겼다.

"비켜서라! 너 따위와 상대할 시간이 없다."

남자가 버럭 소리를 질렀다. 웬만하면 겁을 먹고 물러설 텐데 남자는 전혀 두려워하지 않았다. 에르난데스는 화가 치밀었다.

"이 자식!"

에르난데스가 로이를 밀쳐 내고 달려들자, 남자가 한 걸음 물러서며 허리춤에서 재빨리 단검을 빼 들었다.

"물러서라고 했지!"

남자는 진짜로 찌를 기세였다. 에르난데스는 잠시 당황했다. 단검이 무섭지는 않았다. 하지만 패거리들이 주위를 에워싸고 있는데도 전혀 두려워하지 않는 상대가 마음에 걸렸다. 혹시 왕실에서 파견된 비밀 감찰관? 생각이 거기까지 미치자 에르난데스는 소란을 피워서 유리할 게 없다는 판단이 섰다.

"가자!"

에르난데스는 의자를 내팽개치고는 패거리를 이끌고 서둘러 술집을 나갔다. 하마터면 봉변을 당할 뻔했던 로이는 안도의 한숨을 내쉬었다. 로이가 고맙다는 인사를 하기도 전에 남자는 로이에게는 전혀 관심이 없다는 듯 술집을 한 바퀴 휘둘러보고는 유유히 밖으로 나가 버렸다.

한바탕 소동을 겪은 로이도 술집을 나섰다. 밖은 이미 어두워져 있었다. 오늘은 그만 돌아가는 게 좋을 것 같았다.

집으로 돌아온 로이는 2층에 묵고 있는 두 사람이 테라스에 나란히 앉아서 팔로스 항구를 내려다보고 있는 것을 보고는 2층으로 올라갔다. 두 사람이 이렇게 방 밖으로 나와 있는 건 처음 있는 일이었다.

"무슨 일이라도 있나요?"

"아니, 그냥 안에만 있으려니 답답해서."

황급히 돌아본 무어 인이 로이임을 확인하고 어색한 미소를 지었다. 학식이 있어 보이는 것이 아무리 봐도 험한 바닷일하고는 거리가 멀었다. 에스파냐 사람은 여전히 두건을 깊이 뒤집어 쓴 채 아무 말이 없었다.

"배를 타려고 하는 것 같지는 않네요."

로이는 친해 볼 생각으로 그들 옆에 나란히 자리를 잡았다.

"네 눈에 그렇게 보이느냐?"

"배를 타는 사람들은 한눈에 표가 나거든요. 제 이름은 로이예요."

"그렇구나. 나는 알 하티브라고 한단다."

"개종했나요?"

로이의 질문에 알 하티브는 가볍게 고개를 가로저었다. 여전히 이슬람교를 믿는다는 뜻이다. 에스파냐에 남은 무어 인들은 크리스트교로 개종을 하지 않으면 많은 어려움을 겪는다. 그런데도 알 하티브는 의연한 표정을 잃지 않고 있었다.

"바다로 나가고 싶은 모양이로구나."

알 하티브는 자신에게 호기심을 보이고 있는 로이에게 미소를 지으며 물었다. 로이가 어떻게 알았느냐는 듯 쳐다보며 고개를 끄덕였다.

"바다를 바라보고 있는 모습을 여러 차례 보았지. 눈빛이 아주 인상적이더구나."

"팔로스의 소년들은 모두 바다를 동경해요. 콜럼버스 제독의 선단에 합류하고 싶지만, 엄마의 반대가 워낙 심해서요……. 배를 탈 게 아니라면 왜 팔로스에 왔어요?"

"네 짐작대로 나와 이 친구는 배를 타려고 팔로스에 온 게 아니야. 만날 사람이 있어서 왔지."

알 하티브가 웃으며 말했다.

"저 사람은……."

로이는 늘 두건을 뒤집어쓴 채 한 마디도 하지 않는 에스파냐 사람이 혹시 벙어리가 아니냐고 물으려다 입을 다물었다.

"내 친구는 벙어리도 아니고 수도사도 아니야. 다만 사람을 가리는 편이고 남 앞에 나서기를 꺼려하지."

알 하티브가 로이의 마음을 읽고 대답했다.

그 순간 에스파냐 사람이 고개를 돌렸다. 로이와 그의 눈이 마주쳤다. 두건을 깊이 눌러쓴 데에다 어둠 속이기는 하지만, 로이는 그 사람의 눈이 아름답다고 생각했다.

"만날 사람이라면……."

로이는 두 사람에게 점점 호기심이 생겼다.

"제독을 만나려고 해."

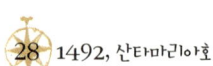

알 하티브가 잠시 망설이다가 대답했다.

"콜럼버스 제독을요?"

로이는 깜짝 놀랐다.

선단의 제독인 크리스토퍼 콜럼버스는 아무나 만날 수 있는 사람이 아니다. 게다가 그를 만나기 위해서는 항해사나 의사, 기록관 등의 고급 선원이거나 왕실 관계자나 귀족 등의 신분이어야 한다. 그렇지 않으면 막대한 후원금을 제공해야만 가능한 일이었다. 그런데 한갓 가난뱅이 떠돌이 무어 인이 콜럼버스 제독을 만나겠다니.

"사실은 콜럼버스 제독이 아니라 그의 부인을 만나려고 해."

알 하티브의 말에 로이는 다시 한 번 놀랐다. 무어 인이 무슨 이유로 제독의 부인을 만난단 말인가. 갈수록 이상한 생각이 들었다.

"그래서 말인데 네게 부탁을 해야겠다. 우리는 여기 지리를 잘 모르거든. 이 친구가 낯을 심하게 가리니 아무에게나 길을 물어볼 수도 없는 노릇이고. 부인은 콜럼버스 제독과 함께 라비다 수도원에 머물고 있는 걸로 알고 있다. 우리를 라비다 수도원으로 데려다 줄 수 있겠니?"

크게 어려운 부탁은 아니었다. 로이가 고개를 끄덕였다.

"고맙다."

알 하티브는 로이에게 고마움을 전한 뒤, 일어서서 방으로 들어갔다. 에스파냐 사람이 말없이 그의 뒤를 따랐다.

"아직 어리지만 똑똑하고 믿음직스러운 아이야. 틀림없이 우리를 제독의 부인에게 데려다 줄 거야."

방에 들어서자 알 하티브가 혼잣말하듯 중얼거렸다. 에스파냐 사람이 그의 옆에서 두건을 벗어젖히자 긴 머리가 찰랑거리며 어깨 아래로 흘러내렸다. 불빛에 아름다운 여인의 모습이 생생하게 드러났다.

"코르도바에 있었을 때 베아트리스와는 친자매처럼 지냈어요. 지금 몹시 바쁘겠지만, 그래도 틀림없이 우리를 도와줄 거예요."

여자는 정이 듬뿍 담긴 눈길로 알 하티브를 쳐다보며 처음으로 입을 열었다.

"그랬으면 얼마나 좋겠소……. 아무튼 이사벨라, 난 당신이 너무 고생하는 것 같아서 마음이 편치 않소."

알 하티브가 손을 꼭 잡으며 말을 이었다.

"우리는 인종도 다르고 종교도 다르지만, 언제까지나 서로를 아끼고 사랑하면서 함께 살기로 맹세했잖소. 물론 많은 어려움이 따르겠지만……. 하지만 이 넓은 세상 어딘가에 우리를 받아 줄 곳이 반드시 있을 거야."

"알 하티브, 당신과 함께라면 죽음의 바다도 두렵지 않아요. 하지만 어디로 가서 뭘 어떻게 살아야 할지 걱정이에요. 당신이

나 나나 부유한 집안에서 태어나 어려움이라고는 모르고 자란 사람들이잖아요. 당신이 할 줄 아는 것이라고는 밤하늘의 별을 쳐다보는 일뿐이고, 내가 할 수 있는 일이라고는 시녀들 시중을 받으며 몸치장을 하는 것뿐인데……."

"너무 걱정하지 마시오. 사람 사는 세상에 사람이 할 일이 왜 없겠소. 당신과 저것만 있으면 난 아무런 두려움이 없소."

알 하티브가 한쪽 구석에 놓아둔 상자를 집어 들었다. 뚜껑을 열자 망원경과 꽤나 정교하게 제작된 태엽 시계가 모습을 드러냈다.

알 하티브가 태엽 시계를 집어 들었다. 태엽 시계가 째깍째깍 소리를 내며 힘차게 돌아갔다. 나사리 왕실의 왕자 신분으로 태어난 알 하티브는 일찍부터 천문학에 깊은 관심을 보였고, 나사리 왕실이 그라나다에서 쫓겨날 때까지 줄곧 천문대에서 밤하늘을 관측했다.

이사벨라 역시 그라나다 귀족의 딸로 태어나서 고생이라고는 모르고 자랐다.

알라를 믿는 이슬람 청년과 그리스도를 믿는 에스파냐 여인은 우연한 기회에 만나 서로를 깊이 사랑하게 되었다. 두 사람은 금지된 사랑을 하는 대가로 힘겨운 도피 생활을 하고 있었다.

"바람 좀 쐬고 오겠어요."

이사벨라는 이런저런 생각이 밀려오면서 혼자 있고 싶어졌다. 밤바람이 시원했다. 낮에는 그렇게도 파랗던 하늘이 어느새 검푸른 빛을 짙게 드리우고 있었다. 고향 그라나다의 밤하늘처럼 황홀한, 별빛 가득한 밤이었다.

어쩌면 지금쯤 엄마와 동생들도 저 밤하늘을 보고 있을지 모른다는 생각이 들자, 이사벨라는 눈물이 핑 돌았다.

"저어……."

누가 부르는 소리에 무심코 뒤를 돌아보려던 이사벨라는 황급히 고개를 되돌렸다. 자신이 여자라는 사실이 탄로 나면 위험하다. 하지만 어느 틈에 로이가 옆에 다가와 있었다.

"앗!"

이사벨라가 여자임을 알아챈 로이가 화들짝 놀랐다.

"여자였군요. 이상하다는 생각은 했지만 여자일 줄이야……."

여태껏 본 적이 없는 아름다운 여인이 로이의 눈앞에 서 있었다.

"사정이 있어서 남장을 하고 있는 것이란다. 비밀을 지켜 줄 수 있겠니?"

로이는 이사벨라의 간절한 눈빛을 쳐다보며 고개를 끄덕였다. 도대체 무슨 사연이 있길래 이처럼 아름다운 여자가 무어 인과 단둘이 여행 중일까. 엄청난 호기심이 일었다.

"내일 오전 중으로 라비다 수도원에 가는 게 좋을 것 같아요. 그 얘기를 하려고 들렀어요."

로이가 찾아온 용건을 말했다.

비밀을 지키겠다는 약속에 기쁜 듯 웃음을 짓는 이사벨라를 보며 로이는 팔로스나 안달루시아는 물론, 에스파냐 전체를 뒤져도 저렇게 아름다운 여자를 찾기는 힘들 거라고 생각했다.

제독 부인의 고민

콜럼버스는 유유히 흘러가는 핀토 강을 바라보며 또다시 흥분되는 마음을 감출 수 없었다. 저 강물은 대서양에 이를 것이고 드넓은 대서양 저편에는 꿈에도 그리던 동양이 있을 것이다.

이제 곧 그 동양을 찾아서 떠날 것이다. 참으로 멀고도 험한 길을 지나 여기까지 왔지만, 가야 할 길은 아직도 아득하기만 했다.

출항에 따른 준비는 언뜻 별 어려움 없이 진행되는 듯했지만, 속사정은 그리 간단치 않았다. 오랜 세월, 자료를 모으고 궁리에 궁리를 거듭한 끝에 대서양을 횡단해서 동양으로 가겠다는 계획을 세웠지만, 아조레스 제도를 벗어나면 그 다음부터는 아무도 가 보지 않은 미지의 세계다. 오로지 신념만이 두려움과 어려움에서 배를 지켜줄 것이다.

정말로 지구는 둥근 것일까. 그래서 서쪽으로 계속 가면 동양이 나올까. 출항을 앞둔 긴장 때문인지 이제 와서 새삼 그런 의문이 일었다.

수석 항해사를 구하는 일은 별반 진전이 없었다. 이런저런 사람들을 만나 봤지만 기껏해야 아프리카 연안을 항해했던 경력의 소유자들로 일확천금을 꿈꾸고 찾아온 자들이었다. 목숨을 걸고 미지의 바다를 헤쳐 나가 보겠다는 신념을 지닌 사람은 없었다.

"여기 있었군요."

부인 베아트리스가 입가에 부드러운 미소를 머금고 다가왔다. 그 부드럽고 상냥한 미소가 늘 콜럼버스를 편안하게 해 주었다.

베아트리스가 사랑이 가득한 눈길로 콜럼버스를 쳐다보았다. 콜럼버스는 말없이 핀토 강을 바라보기만 했다. 베라트리스에게 걱정을 끼치기도, 그렇다고 그녀에게 거짓말을 하고 싶지도 않았다.

"나도 사람들 사이에 떠도는 소문을 들어 알고 있어요. 수평선 너머는 낭떠러지로 그 아래에는 유황불의 지옥이 있다고도 하고, 또 불을 뿜는 용과 배를 한 손에 움켜쥘 수 있는 거인이 기다리고 있다는 말도 떠돌고 있더군요."

"당신도 그런 말을 들었소? 다 헛소문들이오."

콜럼버스가 신경 쓸 일이 아니라는 듯 고개를 가로저었다. 그

녀의 말대로 출항을 앞둔 팔로스 항구에는 별의별 소문이 다 떠돌고 있었다. 대부분 근거 없는 뜬소문에 불과했지만, 미지의 세계를 찾아 떠난다는 사실은 선원들에게 두려움을 일으키기에 충분했다. 어려서부터 바다를 동경해 왔고 여러 차례 먼 항해를 했던 콜럼버스에게도 카나리아 제도 너머의 먼 바다는 두려움의 대상이었다.

"어려움이 있겠지만, 당신은 해낼 수 있을 거예요."

베아트리스가 콜럼버스의 손을 꼭 잡았다.

"당신에게는 신념이 있으니까. 당신을 처음 만나던 날, 그 신념에 찬 눈빛을 잊을 수가 없어요."

베아트리스는 그 말을 남기고 수도원 안으로 들어갔다. 그 짧은 말 한마디에 콜럼버스는 큰 용기를 얻었다. 베아트리스의 말대로 많은 어려움이 기다리고 있을 것이다. 풍랑을 만나서 배가 뒤집힐 수도 있고, 항해가 길어지면 괴혈병을 비롯해서 각종 질병이 퍼질 수도 있었다. 또 선상 반란이 일어날지도 모른다. 게다가 동양을 발견하지 못하고 돌아오면 엄청난 비난이 따를 것이다.

콜럼버스는 괴로움을 떨쳐 내기라도 하려는 듯 고개를 세차게 흔들었다. 이 세상에서 제일 두려운 것은 두려움 그 자체이고, 오로지 꿋꿋한 신념만이 그 두려움에서 벗어나게 한다는 것을 콜럼버스는 잘 알고 있었다.

콜럼버스는 스스로를 다잡으며 거처로 사용하고 있는 수도사 방으로 걸음을 옮겼다.

방에 들어서자 벽면 가득히 걸린 지도가 눈에 들어왔다. 가로와 세로로 경도와 위도가 정교하게 그려져 있었다. 콜럼버스는 지도에 이어서 나침반과 직각의, 그리고 아스트롤로베(태양의 고도를 측정해서 하루의 시각을 재는 기구)를 비롯한 항해 도구에 차례로 눈길을 주었다. 바다에서 자신의 위치를 알려 주고, 배를 무사히 목적지까지 안내할 소중한 도구들이었다.

카나리아 제도 너머 얼마나 먼 곳에 동양이 있을까? 사라진 대륙 아틀란티스와 사제왕 요한의 나라는 사실일까, 아니면 전설에 불과한 것일까? 바이킹이 발견했다는 빈란트라는 땅은 어디일까? 오래전부터 포르투갈의 어부들 사이에서는 먼 바다에서 백인들과는 전혀 다르게 생긴 시체들이 떠다니는 것을 봤다는 소문이 있었다. 그리고 가끔씩 이상하게 생긴 나무토막이나 뱃조각들이 포르투갈의 해안으로 떠밀려 왔던 적도 있었다. 거기가 정말 동양일까? 그렇다면 얼마나 떨어졌을까?

콜럼버스는 긴 한숨을 내쉬고 다시 지도로 눈길을 돌렸다.

'경도만 정확하게 알 수 있다면……'

콜럼버스는 생각에 잠겼다. 비록 동양까지의 정확한 거리는 모르더라도 내가 있는 위치만 명확하게 알 수 있다면 미지의 세계를 항해하는 데 따른 어려움을 극복해 낼 수 있을 것이다.

하지만 어떻게 경도를 측정한단 말인가. 위도는 낮에는 태양의 고도를, 밤에는 북극성의 고도를 측정해서 계산할 수 있지만, 경도는 바다에서 계산할 수 없다. 정확한 경도를 알 수만 있다면……. 하지만 아무리 궁리를 해 봐도 불가능한 일이었다.

⚜

출항 준비가 그런대로 마무리되었기 때문인지 라비다 수도원은 생각보다 조용했다. 로이는 경계의 눈빛을 늦추지 않고 있는 알 하티브와 이사벨라에게 빨리 따라오라고 손짓했다. 이사벨라는 남장을 하지는 않았지만, 얼굴을 가리기 위해서 두건을 깊숙이 눌러썼다.

"조금 있으면 파블로 아저씨가 나올 거예요. 파블로 아저씨에게 얘기를 잘 해 놓으니까 걱정하지 마세요."

제독의 부인을 만나는 것은 어쩌면 콜럼버스 제독을 만나는 것보다 더 어려울 수도 있었다. 고심을 하던 로이는 마침 제독의 부인이 하녀를 구하고 있다는 소문을 듣고서 파블로를 통해서 면담을 주선했던 것이다.

"일찍 왔구나, 로이."

파블로가 달려왔다. 산타마리아호의 요리사로 채용된 파블로는 벌써부터 수도원에서 일을 하고 있었다.

"이 사람들이냐?"

파블로가 알 하티브와 이사벨라를 훑어보았다. 두건을 쓰고 있었지만, 한눈에 매우 아름다운 여자임을 알 수 있었다.

"나를 따라오시오."

파블로가 이사벨라에게 손짓을 했다.

"나도 함께 가겠소."

알 하티브가 머뭇거리는 이사벨라를 대신해서 입을 열었다. 파블로가 곤란하다는 표정을 짓자 로이가 얼른 끼어들었다.

"알 하티브는 이사벨라를 팔로스까지 무사히 데리고 온 사람인데 여기서 그냥 돌아가라고 할 수는 없잖아요. 그리고 나도 수도원 구경을 하고 싶어요."

로이가 사정을 하자 파블로가 할 수 없다는 듯 경비병을 돌아보았다. 아까부터 흥미로운 눈길로 일행을 쳐다보고 있던 경비병이 싱글벙글하며 고개를 끄덕였다. 여자라고는 구경하기 힘든 수도원에 모처럼 빼어난 미인이 찾아온 것이다.

라비다 수도원은 생각했던 것보다 훨씬 넓었다. 파블로는 세 사람을 수도원 안뜰로 데리고 갔다.

"더 이상은 안 돼. 여기서 기다리고 있거라."

파블로는 이사벨라에게 따라올 것을 지시했다. 이사벨라는 불안한 표정을 짓는 알 하티브에게 걱정 말라는 눈빛을 보내고는 파블로를 따라서 수도원 안으로 향했다.

"저 무어 인은 누구요?"

파블로가 진작부터 궁금하게 여기고 있던 것을 물었다.

"나를 도와주는 사람이에요."

이사벨라가 짧게 대답했다. 수도사들이 사는 곳인지라 어딘지 모르게 무겁고 어두운 분위기였다.

"여기서 기다리시오. 조금 있으면 제독 부인께서 나오실 거요. 제독 부인은 인자하신 성품이지만 말이 많은 것을 싫어하시니 묻는 말에만 대답하는 게 좋을 거요."

작은 방에 이르자 파블로가 이사벨라에게 주의를 주고서 나갔다. 방에 혼자 남자 이사벨라는 가슴이 두근거렸다. 과연 베아트리스가 도와줄까? 베아트리스가 코르도바에 머물렀을 때 친자매처럼 가깝게 지내기는 했지만, 그렇다고 선뜻 도와줄지는 의문이었다.

"오래 기다렸나요? 일이 좀 있어서."

베아트리스가 방으로 들어섰다. 오랜만에 듣는 베아트리스의 목소리에 이사벨라는 용기가 생겼다.

"베아트리스, 나야."

이사벨라가 두건을 벗고서 베아트리스에게 다가갔다.

"아니, 넌 이사벨라 아니니? 세상에, 내 하녀로 일하겠다고 한 사람이 너였단 말이야?"

베아트리스는 깜짝 놀랐지만, 이내 반갑게 다가가 이사벨라의 손을 잡았다.

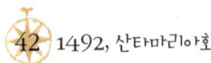

"너를 만나기 위한 구실이었지. 베아트리스, 나 좀 도와줘."

"돕다니, 뭘? 도대체 무슨 일이야?"

"난 지금 도망 중이야. 어떤 사람과 함께인데, 에스파냐에서는 살 수가 없어. 그래서 멀리 가려고 하지만 가진 돈이 별로 없어."

이사벨라가 간절한 눈빛으로 베아트리스에게 사정을 했다. 베아트리스는 그라나다 귀족 가문의 딸로 남부러울 것 없는 생활을 하던 이사벨라가 갑자기 팔로스에 나타나서 도망치는 중이라고 하니 선뜻 이해가 되지 않았다.

"도망 중이라니, 무슨 죄라도 진 거야?"

베아트리스는 퍼뜩 경계심이 일었다. 돈을 대 주는 것은 크게 어려운 일이 아니었다. 하지만 지금은 남편 콜럼버스 제독이 큰일을 앞두고 있어 매사를 조심해야 할 때인데, 도망자를 도왔다가 곤란한 일을 겪게 될지도 모를 일이었다.

베아트리스의 질문에 이사벨라는 가볍게 고개를 가로저었다.

"그럼 왜? 누구와 도망을 친 건데?"

베아트리스는 이사벨라의 맑은 눈동자를 들여다보는 순간 머릿속을 스치고 지나가는 것이 있었다.

"혹시 개종을 거부한 무어 인?"

이사벨라가 가만히 고개를 끄덕였다. 베아트리스의 입에서 가벼운 한숨이 새어 나왔다. 이사벨라 같은 귀족 가문의 여인이 개종을 거부한 무어 인과 사랑에 빠졌다면 이건 보통 문제가 아니었다.

"아, 가엾은 이사벨라! 어쩌다가 축복 받지 못하는 사랑에 빠졌단 말이니."

베아트리스가 다가가서 이사벨라를 꼭 껴안았다.

"아무도 모르는 먼 곳으로 갈 생각이야."

이사벨라의 음성이 떨리고 있었다.

"그럼 넌 신앙을 버릴 셈이야?"

"아니, 그렇지는 않아. 알 하티브가 알라신을 버리지 않듯이 나도 크리스트교를 버리지 않을 거야. 우리는 서로의 종교에 대해서는 간섭하지 않기로 했어."

앞날에 대한 두려움으로 떨리던 음성은 온데간데 없고 또랑또랑 대답하는 이사벨라를 보며 베아트리스는 이들이 서로를 얼마나 깊이 사랑하고 있는지 느낄 수 있었다. 하지만 어디를 가든 크리스트교를 믿는 에스파냐 여인과 이슬람 인의 사랑은 축복 받지 못할 것이다.

"도와줄 수 있겠지?"

이사벨라가 다시 애처로운 눈빛으로 베아트리스를 쳐다보았다.

"물론이지. 며칠 후 내가 연락할게. 너무 걱정 마. 돈을 마련해 놓을 테니."

"고마워, 베아트리스. 은혜는 절대로 잊지 않을게."

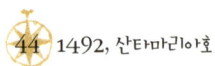

이사벨라가 기쁜 얼굴로 베아트리스를 꼭 껴안았다.

이사벨라가 제독 부인을 만나러 들어간 지 시간이 꽤 흘렀는데도 아무런 소식이 없자, 알 하티브는 불안한 마음을 감출 수가 없었다. 이사벨라 말로는 친자매처럼 가깝게 지내던 사이라고 했지만, 어쨌거나 당장은 쫓기는 처지다.

"남의 눈을 피하는 것 같은데, 혹시 죄를 짓고 도망다니는 건가요?"

로이가 불안한 듯 서성이고 있는 알 하티브에게 다가갔다. 라비다 수도원은 이상하리만치 조용했다.

"도망다니는 것은 사실이지만, 죄를 짓지는 않았다."

알 하티브가 고개를 흔들었다.

"죄가 있다면 나는 에스파냐에 있으면서 크리스트교로 개종을 하지 않은 것이고, 이사벨라는 그런 나를 사랑한 것이지. 나는 나사리 왕가의 왕자고, 이사벨라는 그라나다 대부호의 딸로 제독 부인과는 친자매처럼 지내는 사이란다."

로이는 비로소 이들이 누구이며, 왜 여기까지 왔는지 알게 되었다.

"그러면 배를 타고 에스파냐를 빠져나갈 생각인가요?"

"그건 모른다. 아무튼 이사벨라는 제독 부인이 도와줄 거라고 했다."

둘이서 얘기를 나누고 있는데 저쪽에서 선단의 사관(장교)으로 보이는 사람들이 다가왔다. 알 하티브는 얼른 고개를 돌렸다. 사관들은 무어 인과 볼품없는 차림의 소년이 수도원에 들어온 게 이상하다는 표정이었지만, 멀지 않은 곳에 경비병이 서 있었기 때문에 따로 이유를 묻지는 않았다.

"이봐!"

그냥 지나칠 것 같았던 일행 중 한 사람이 무슨 생각이 들었는지 걸음을 멈추고 두 사람에게 다가왔다. 알 하티브와 로이는 본능적으로 그 사람을 쳐다보았다. 조심스럽게 다가오던 사관은 알 하티브와 눈이 마주치자 깜짝 놀라며 허둥지둥 뛰어왔다.

"자네, 알 하티브 아닌가? 나 모르겠어? 사그레스에서 같이 지냈던 나바레테야."

알 하티브의 얼굴이 창백해졌다. 이런 곳에서 아는 사람을 만나다니……. 나바레테는 포르투갈의 사그레스 항해 학교 시절에 함께 공부했던 동료였다.

"에스파냐에 남기로 했군. 콜럼버스 선단에 합류할 생각으로 찾아온 것인가?"

나바레테가 활짝 웃으며 알 하티브의 손을 잡았다. 알 하티브는 명문으로 손꼽히는 사그레스 항해 학교에서 우등생으로 졸업했는데, 특히 천문 관측에 일가견이 있었다. 선단의 수석 항해사를 구하지 못해서 고심하고 있던 참에 알 하티브와 같이 우수한 항해사가 제 발로 찾아왔으니 나바레테는 흥분할 수밖에 없었다.

"아니야. 선단에 들어갈 생각은 없어."

알 하티브가 당황한 얼굴로 대답했다.

"그러면 여기는 무슨 일로? 그리고 아무리 나사리 왕가가 몰락했다고 하지만, 그래도 왕자의 차림이 그게 무언가?"

나바레테가 이상하다는 눈빛으로 알 하티브를 쳐다보았다.

"알 하티브!"

저 멀리서 이사벨라가 기쁜 얼굴로 달려오다가 알 하티브가 낯선 남자와 마주 서 있는 것을 보고는 긴장해서 걸음을 멈추었다.

나바레테는 점점 이상한 생각이 들었다. 어쩐지 자신을 피하는 듯한 알 하티브와 자기를 보고 겁을 먹은 아름다운 여인. 대체 이들은 왜 여기에 있을까?

"좋아. 혹시라도 생각이 바뀌거든 언제든지 찾아오게. 우리는 지금 유능한 항해사를 찾고 있으니까."

나바레테는 알 하티브의 등을 가볍게 두드리고서 걸음을 옮겼다. 콜럼버스 제독은 미지의 바다를 항해할 때는 천문 관측이 아주 중요하다고 했다. 알 하티브는 그런 면에서 이번 항해에 매우 적합한 사람이었던 것이다.

"베아트리스가 도와준다고 했어요. 그런데 저 사람은 누구예요?"

이사벨라가 멀어져 가는 나바레테를 보면서 속삭이듯 말했다.

"잘됐군. 사그레스 항해 학교 시절에 함께 공부했던 사람인데 나쁜 사람은 아니야."

그렇게 말하면서도 안심이 되지 않는 듯 알 하티브의 불안한 얼굴은 쉽게 펴지지 않았다. 로이는 모든 게 놀라울 뿐이었다. 알 하티브와 이사벨라의 진짜 신분도 놀라운 판에 알 하티브가 선단에서 탐낼 정도로 뛰어난 재능을 가진 항해사라니…….

배를 타고 먼 바다를 항해하는 게 꿈인 로이에게는 알 하티브가 하늘에 떠 있는 별처럼 보였다.

에르난데스는 한 무리의 유대인들이 고급 여관으로 들어가는 것을 보면서 괜히 심술이 났다. 그곳은 자신들은 꿈도 꾸지 못할 고급 여관이었다.

'쳇, 아무리 돈이 많으면 뭘 해. 곧 쫓겨날 자들인데…….'

에르난데스는 고급 여관으로 들어서는 유대인들의 뒤통수를 쏘아보며 빈정댔다.

"야민, 여기도 우리를 환영하지 않는 무리들이 많군요."

젊은 유대인이 일행의 우두머리인 듯한 유대인에게 말했다.

"우리가 언제 환영을 받았던 적이 있었나? 쓸데없는 일에 신경 쓰지 마라."

야민이 젊은 유대인에게 핀잔을 주었다. 유대인 일행은 모두

여덟 명으로 고급 여관에서도 제일 좋은 방을 잡았다.

"그런데 우리를 순순히 태워 줄까요? 솔직히 우리는 바다에 대해서는 아는 게 없지 않습니까?"

젊은 유대인이 조금 걱정스럽다는 표정으로 야민에게 물었다.

"그런 걱정 따위는 하지 마. 우리에게는 저게 있으니까."

야민이 가방을 가리켰다. 그 안에는 금화가 가득 들어 있었다.

"그리고 금괴는 안전한 곳에 보관했겠지?"

"물론입니다. 그런데 구리온은 무사히 카나리아 섬으로 갔을까요?"

"그래. 지금쯤 우리를 목이 빠지게 기다리고 있을 거야."

야민이 천천히 창가로 걸어갔다. 억압의 세월을 뒤로 하고 약속의 땅을 찾아 떠나려는 순간이었다. 하지만 어쨌거나 오랜 세월 발을 붙이고 살던 땅을 떠나려니 설레임과 동시에 착잡함이 일었다.

출항은 다음 달 3일로 예정되어 있었다. 출항일까지는 이제 보름밖에 남지 않았다. 빨리 손님을 받지 못하면 빌린 돈을 갚지도 못하고 입에 풀칠하기도 힘들 것이다. 알 하티브와 이사벨라에게 미리 숙박비를 받고 좋아했던 엄마의 얼굴에도 초조한 기색이 역력했다. 두 사람이 곧 여기를 떠날 거란 사실을 알고 있는 로이는 더 부지런히 항구를 돌아다니며 손님을 찾았다.

항구에는 여느 때처럼 크고 작은 배들이 파도에 흔들리며 정박해 있었다. 그중에서 제일 큰 배가 산타마리아호였다. 로이는 산타마리아호의 검은 그림자를 보는 순간 가슴이 설레었다. 저 배를 타고 바다로 나갈 수 있다면 얼마나 좋을까. 문득 이사벨라에게 배를 타게 해 달라고 부탁을 하면 어떨까 하고 생각했다. 제독 부인과 친자매처럼 지내는 사이라고 하니 얘기를 잘 하면 보조 갑판원은 시켜 줄 것도 같았다.

그럼 엄마는? 매일 넋 놓고 멍하니 바다만 바라보고 계실 것이다. 생각이 거기에 미치자 로이는 다시 풀이 죽었다. 로이는 무거운 발걸음으로 술집에 들어섰다.

"야, 꼬마야!"

누가 로이를 불렀다. 고개를 돌린 로이의 표정이 굳어졌다. 얼마 전에 자기를 괴롭혔던 에르난데스였다. 하필 에르난데스가 있는 술집이란 말인가. 에르난데스는 그때의 일을 분풀이라도 하려는 듯 성큼성큼 걸어와서 로이의 앞을 가로막았다. 로이는 겁에 질려서 뒷걸음질을 쳤다.

"우리 셋이서 너희 여관에 묵을 테니 빨리 안내해."

에르난데스가 일행인 디에고와 오반도를 돌아보며 키득거렸다. 세 사람은 가진 돈을 다 써 버리는 바람에 당장 오늘밤부터 잠을 잘 곳이 마땅치 않았던 터였다.

"싫어요! 우리 집은 손님이 다 찼어요!"

로이가 단호히 거절했다.

"너 거짓말하면 혼난다!"

디에고가 앞으로 나서면서 로이의 멱살을 움켜쥐었다. 주위를 에워싸고 있는 선원들은 웃기만 했다.

"왜, 또 누가 나타나서 도와줄 것 같으냐?"

디에고가 손목에 힘을 주자, 로이는 숨이 막혔다.

"이봐, 아직 어린아이인데 살살 다뤄."

에르난데스가 재미있다는 듯 키득거렸다.

"너, 우리가 숙박비를 지불하지 않을까 봐 그러는 모양인데, 그건 걱정하지 마라. 우리는 선단에 합류할 거야. 콜럼버스 제독이 출항 전에 급료를 일부 지불하겠다고 했어."

그건 사실이었다. 콜럼버스 제독은 하급 선원들의 사기를 높이는 차원에서 출항 전에 급료를 일부 미리 지불하기로 했다. 에르난데스 일행이 당장은 돈 한 푼 없는 건달이지만, 배를 타기로 한 이상 돈은 생길 것이다. 게다가 지금, 여관은 그리 여유 있는 형편이 아니었고 만약 거절한다고 해도 물러설 에르난데스가 아니었다. 로이는 생각을 바꾸었다.

"좋아요. 하지만 숙박비는 꼭 지불해야 해요."

"물론이지."

에르난데스와 디에고, 그리고 오반도는 서로를 쳐다보며 웃

었다. 로이는 어쩐지 불안한 마음이 들었지만, 이미 대답을 해 버린 다음이었다.

⚜

"세르다라는 분이 부인을 뵙고자 합니다."

하녀가 조심스레 알렸다. 세르다? 베아트리스의 얼굴이 환해졌다. 반가운 손님이다. 그가 팔로스에 왔단 말인가.

"곧 나갈 테니 잠시만 기다리라고 해."

베아트리스는 서둘러 채비를 했다.

그라나다의 귀족인 세르다는 코르도바 대학에서 공부한 적이 있었는데, 바로 그때 코르도바 대부호의 딸인 베아트리스를 알게 되어 서로 가깝게 지냈다. 그때 나사리 왕가와 그라나다 전쟁이 벌어지지 않았다면 어쩌면 지금쯤 부부가 되어 있을지도 모른다.

하지만 운명은 두 사람을 갈라놓았다. 세르다는 전쟁에 앞장서 무어 인들을 상대로 용감하게 싸웠고, 마침내 800여 년에 걸친 이슬람의 통치는 끝이 나고 말았다. 그리고 그 사이에 베아트리스는 크리스토퍼 콜럼버스라는 외국인과 결혼을 해서 이곳 팔로스에서 살고 있었다.

"세르다!"

세르다가 뒤를 돌아보니 여전히 아름다운 베아트리스가 조금

들뜬 모습으로 다가오고 있었다.

"베아트리스, 오랜만이오. 당신은 여전히 아름답군. 운명이 우리를 갈라놓았지만, 코르도바에서의 즐거웠던 기억은 늘 마음 속에 간직하고 있소."

세르다는 진심을 담아 베아트리스에게 말을 건넸다.

"당신은 좋은 사람이었어요. 훌쩍 내 곁을 떠나더니 이렇게 다시 나타났군요."

"나도 팔로스에서 당신을 다시 만나게 될 줄은 몰랐소. 그래, 콜럼버스 제독의 일은 잘 진행되고 있소?"

"그는 아주 열정적인 사람이지요. 신념도 강하고."

"바다에 대해서는 솔직히 별로 아는 것이 없소. 서쪽으로 가서 동양을 찾는다는 얘기가 선뜻 이해되지는 않지만, 아무튼 제독의 일이 잘 되기를 빌겠소."

"고마워요. 그런데 팔로스에는 무슨 일로……."

"실은 이사벨라를 찾는 중이오. 베아트리스, 당신도 이사벨라를 잘 아니까 당신에게는 감추지 않겠는데, 실은 이사벨라가 가문의 뜻을 어기고 집을 나갔소."

이사벨라를 찾는다는 말에 베아트리스는 가슴이 철렁했다. 이미 이사벨라로부터 사정을 전해 듣고 도와주겠다는 약속을 했던 터였다.

"상대는 나사리 왕가의 왕자로 개종을 거부한 채 에스파냐에 머물고 있는 무어 인이오. 개종을 거부한 처지에 귀족 가문의 여인을 데리고 도주를 했으니 에스파냐 국법에 의해서 중벌을 면치 못할 것이오."

평소에 그렇게 아끼던 여동생을 원수인 나사리 가문에 빼앗긴 꼴이 된 세르다는 어느새 화를 내고 있었다.

"나나 베아트리스 당신도 마찬가지지만, 이사벨라도 절대로 크리스트교를 버리지 못할 것이오. 그 무어 인도 결코 이슬람교를 버리지 않을 테고. 지금 두 사람은 사랑에 눈이 멀어서 제대로 상황 파악을 못하고 있지만, 결국 그리스도 세계나 이슬람 세계 어느 곳에도 발을 붙이지 못하고 불행해질 것이오."

세르다가 단언하듯 말했다. 세르다의 말이 맞다. 베아트리스가 이사벨라에게 해 주고 싶었던 말이기도 했다. 이사벨라는 경제적 도움만 주면 된다고 했지만, 세르다의 말대로 이 세상에 두 사람을 따뜻하게 맞아 줄 곳은 없을 것이다.

"이사벨라를 찾으면 어떻게 할 생각인가요?"

베아트리스의 목소리가 어느새 떨리고 있었다.

"일단은 무어 인에게 개종을 권유해 보겠지만, 큰 기대는 하지 않소. 혹시라도 개종을 하겠다면 목숨은 살려 주겠소. 하지만 이사벨라와의 관계는 절대로 인정할 수 없소. 그라나다를 찾기 위해서 선조들이 얼마나 많은 피를 흘렸는데……. 끝까지 개종을 거부한다면 에스파냐 국법에 따라서 처리하는 수밖에. 그런데 베아트리스, 표정이 왜……."

창백해진 베아트리스를 본 세르다의 표정이 일그러졌다.

"혹시 이사벨라가 당신을 찾아왔었소?"

세르다가 즉각 눈치 챘다. 베아트리스는 당황스러워 입이 떨어지지 않았다.

"역시 그렇군. 당신은 거짓말을 할 줄 모르는 사람이란 걸 잘 알아."

세르다는 베아트리스를 추궁하기 시작했다.

"아마도 당신에게 도와달라고 했겠지. 그리고 정이 많은 당신은 도와주겠다고 했을 테고. 하지만 내 말 똑똑히 들어요, 베아트리스. 그 무어 인은 에스파냐 국법을 어기고 쫓기고 있는 몸이오. 행여 당신이 정에 끌려서 이사벨라를 돕다가는 큰일을 앞두고 있는 콜럼버스 제독에게 해가 될 수 있소."

콜럼버스의 일에 해가 될지도 모른다는 말에 베아트리스의 얼굴이 백지장처럼 하얗게 변했다.

"진정으로 이사벨라를 위한다면 어떻게 해야 하는지 당신이 더 잘 알 것이오. 내 말이 무슨 뜻인지 알겠소?"

세르다가 다그치자 베아트리스는 겁먹은 얼굴로 고개를 끄덕였다.

⚜

콜럼버스는 잠자코 선단 지휘관들의 의견에 귀를 기울였다.

90여 명에 달하는 선원들을 선발하는 일과 항해에 소요되는 물자를 싣는 일은 그런대로 순조롭게 마무리되었다.

"출발은 예정대로 다음 달 3일에 하기로 하겠소."

콜럼버스가 출항 일자를 결정하는 것으로 회의가 끝났다.

방에는 콜럼버스와 선단의 이등 항해사인 나바레테만 남아서 벽면 가득히 걸린 항해도를 들여다보고 있었다.

콜럼버스는 긴장이 될 때면 늘 그러하듯 심호흡을 했다. 지구가 둥글다는 주장이 나온 이후로 서쪽으로 계속 가면 동양에 이를 수 있다는 생각을 한 사람은 그가 처음이 아니었다. 이미 토스카넬리를 포함하여 여러 지리학자들이 같은 주장을 했었다. 하지만 실제로 출항하는 것은 이번이 처음이다.

정말로 예측대로 지팡구는 유럽 대륙으로부터 1,700레과(약 9,350킬로미터. 레과는 바다의 거리를 재는 단위로, 1레과는 약 5.5킬로미터) 정도 떨어진 곳에 있을까. 많은 책을 참고하여 분석하고 연구를 거듭한 끝에 내린 결론이지만 가 보기 전에는 알 수 없었다.

'경도만 확실히 알 수 있다면……'

위도와 경도가 촘촘히 그려진 토스카넬리의 항해도를 들여다보는 순간, 콜럼버스는 곧 생각에 휩싸였다. 경도를 측정하기 위해서는 한 달에 2초 이내의 오차 범위 내에서 정확한 시간을 측정할 수 있어야 한다. 그런데 흔들리는 바다에서 진자시계는 아무 짝에도 쓸모가 없다. 그렇다면 태엽 시계를 사용해야 하는데, 태엽 시계로 그렇게 정밀한 시간을 잰다는 것은 꿈도 꿀 수 없는 일이다. 물론 시각을 정확하게 파악한다고 경도를 측정할 수 있는 것도 아니다. 경도를 정확하게 알고 있는 곳의 시각을 동시에 알아야 한다. 그러니 한마디로 불가능한 일이다.

예전에 아프리카 대륙을 따라서 적도까지 항해했던 경험이 있는 콜럼버스는 카나리아 제도 남쪽에 이르면 동풍이 계속해서 부는 해역이 있다는 사실을 알고 있었다. 그렇다면 바람은 큰 문제가 아니다. 역시 위치 파악이 문제였다.

'정확한 경도를 알 수 없을까?'

애가 탔지만 그것은 아무리 노련한 항해사라고 해도 해결할 수 있는 일이 아니었다.

"저어……."

무슨 할 말이 있는지 줄곧 침묵하고 있던 나바레테가 조심스레 입을 열었다.

"실은 며칠 전에 어떤 사람을 만났습니다."

무슨 소리냐는 듯 콜럼버스가 돌아보자, 머뭇거리던 나바레테가 얼른 말을 이었다.

"사그레스 항해 학교를 같이 다녔던 동료인데, 아주 우수한

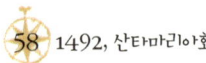

항해사입니다. 특히 천문 관측에서 뛰어난 재능을 지녔습니다. 무어 인이기는 하지만."

사그레스 항해 학교 출신이라는 말에 콜럼버스의 귀가 번쩍 뜨였다. 더구나 천문 관측에 뛰어난 재능이 있다고 하지 않는가. 바다에 나가면 오로지 하늘만이 길잡이 구실을 한다. 무어 인이라고 했는데 그렇다면 더 잘된 일이다. 이슬람의 천문 관측술이 유럽보다 한 수 위라는 사실은 부인할 수 없는 명백한 사실이었다.

"그런 자가 팔로스에 있단 말인가? 왜 내게 데려오지 않았나?"

콜럼버스는 가벼운 흥분을 느꼈다.

"물론 합류를 권했습니다. 하지만 무슨 일로 여기에 나타났는지는 몰라도 항해에는 관심이 없는 듯했습니다. 어쩐지 쫓기는 듯한 느낌도 받았습니다."

쫓기고 있다? 콜럼버스가 고개를 갸우뚱했다. 개종을 거부했다고 해도 그것만으로 체포되지는 않는다. 그렇다면 다른 죄를 지었단 말인가?

"아마도 아직 팔로스에 있을 겁니다. 찾아보도록 하겠습니다."

콜럼버스가 아쉬워하는 표정을 짓자 나바레테가 얼른 말했다. 콜럼버스는 지푸라기라도 잡고 싶은 심정으로 고개를 끄덕였다. 사그레스 항해 학교를 우수한 성적으로 마쳤다면 충분히 선단의 수석 항해사 역할을 수행할 수 있을 것이다.

출발일은 점점 다가오는데 수석 항해사를 구하지 못해서 내심 걱정이 많았던 콜럼버스는 한결 가벼워진 마음으로 방을 나섰다.

점심은 베아트리스와 함께 하기로 약속이 되어 있었다. 베아트리스가 식당에 먼저 와 있었다. 그런데 무슨 걱정거리를 갖고 있는 듯 베아트리스의 표정이 어두웠다.

"베아트리스!"

웬만해서는 밝은 모습을 잃지 않는 베아트리스의 어두운 모습에 콜럼버스는 걱정이 앞서기 시작했다.

⚜

로이는 에르난데스 일당을 데려온 것을 후회했다. 에르난데스 일당은 대낮부터 술에 취해서 소리를 질러 댔고, 툭하면 자기들끼리 싸움을 했다.

말썽도 말썽이지만 숙박비를 제대로 받을 수 있을지 걱정이었다. 로이가 숙박비 얘기를 꺼내면 에르난데스 일당은 눈알을 부라리며 떠날 때 지불할 것이라며 큰소리쳤다.

"조용히 해요!"

로이의 엄마가 더 이상 참지 못하고 소리쳤다. 하지만 세 사람은 들은 체도 하지 않았다.

"당장 내 집에서 나가요!"

해적 패거리였다는 소문대로 툭하면 주먹을 휘두르고 아무데서나 칼을 휘두르는 사나운 일당이었지만 로이의 엄마는 조금도 겁을 내지 않았다. 로이와 엄마의 목숨은 에르난데스 일당이 아니라 여관이 잘 되느냐 못 되느냐에 달려 있었다.

"콜럼버스 제독도 골치깨나 썩겠군. 아무리 사람을 구하기 힘들다고는 하지만 저런 해적 같은 자들을 데리고 가다니."

로이의 엄마가 혀를 끌끌 찼다.

에르난데스 일당과는 대조적으로 알 하티브와 이사벨라는 너무도 조용히 지냈다. 알 하티브는 어떻게 에스파냐의 귀족 여인을 데리고 도망갈 생각을 했을까 싶을 정도로 여렸고, 이사벨라는 아름다운 자태만큼이나 마음씨도 고왔다.

"제가 수도원에 가 볼까요?"

로이는 제독 부인으로부터 아무런 소식이 없자 초조해하는 두 사람을 보며 말했다.

"그만둬. 아마도 베아트리스에게 무슨 일이 있을 거야."

이사벨라가 로이를 만류했다. 돈도 다 떨어졌고 하루하루가 바늘방석 같았지만, 콜럼버스 제독이 떠나기 직전인데 제독 부인이 어찌 바쁘지 않겠는가 생각하며 스스로를 달랬다.

"그렇다면 다행이지만……. 그런데 알 하티브는 제독의 계획을 어떻게 생각하세요?"

로이는 평소에 궁금하게 여기고 있던 것을 물었다.

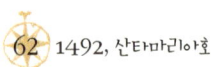

"글쎄……. 일단 지구가 둥글다는 생각에는 동의해. 그렇다면 서쪽으로 계속 가면 동양에 이르게 되겠지. 하지만 실제로 그 거리가 얼마나 될지 지금으로서는 확실히 알 수 없어. 어쩌면 아프리카를 돌아서 가는 것보다 더 길지도 모르지."

알 하티브가 무표정한 얼굴로 대답했다. 바다만 보면 피가 끓는 로이와는 달리 알 하티브는 항해 학교 출신이면서도 항해에는 별로 관심을 보이지 않았다.

"지난번에 항해사가 선단에 합류하기를 권하던데, 혹시 제독의 선단에 합류할 생각은 없어요?"

로이가 존경 어린 눈빛으로 조심스럽게 물었다. 로이의 말에 알 하티브는 입가에 가벼운 미소를 지어 보였다. 여자인 이사벨라가 배를 탈 수는 없었다. 알 하티브에게 콜럼버스의 항해는 남의 일이었다.

"이사벨라는 기다려 보자고 했지만, 내 생각으로도 마냥 기다리는 것보다는 이쪽에서 찾아가 보는 게 좋을 것 같다. 실은 돈도 다 떨어졌단다. 내일까지 소식이 없으면 다시 찾아가 보자. 그런데 아래층에 새로 들어온 사람들은 별로 질이 좋아 보이지 않더구나."

알 하티브는 아래층의 일당들이 마음에 걸렸다. 무엇보다도 이사벨라가 걱정이 되었다. 로이도 에르난데스 일당이 여간 신경 쓰이는 게 아니었다. 이사벨라가 여자라는 것은 로이의 엄마도 모르고 있는 사실이었다.

"야, 꼬마야!"

그때 에르난데스가 2층으로 올라오며 로이를 찾았다.

"너 술집에 가서 술 한 병 얻어 오너라. 나중에 내가 갚는다고 하고. 어?"

에르난데스는 순간 깜작 놀라 말문이 막혔다.

이사벨라가 에르난데스를 보고 황급히 몸을 돌렸지만, 이미 때가 늦었다.

"엇! 여자였어?"

대낮부터 술에 취해 비틀거리며 다가오던 에르난데스가 놀란 눈으로 이사벨라와 알 하티브를 번갈아 쳐다보았다. 큰일이었다. 악당들의 눈에 띄었으니 이제 무슨 행패를 부릴지 모른다. 로이는 겁이 덜컥 났다.

"너희들, 죄짓고 도망쳤지? 그렇지 않아도 이상하다고 생각했어."

눈치 빠른 에르난데스는 무어 인이 에스파냐 여자와 함께 있는 것을 보고 금세 사태를 짐작했다. 에르난데스는 좋은 먹잇감이라도 발견했다는 듯 빙글빙글 웃으며 다가왔고, 이사벨라와 알 하티브는 겁에 질려서 뒷걸음질쳤다.

"이 사람들은 나쁜 사람들이 아니에요. 그러니 상관마세요."

로이가 소리쳤다.

"흥! 그 따위 거짓말에 내가 속을 줄 아느냐! 죄를 짓지 않았다면 왜 사람들 눈을 피해? 아마도 무어 인이 귀족 가문의 여인과 눈이 맞아서 도망을 친 것이겠지."

에르난데스의 예리한 눈길을 피하기는 어려웠다.

"이봐, 그렇게 떨 필요 없어. 고발하지 않을 수도 있으니까."

에르난데스가 빙글빙글 웃었다. 보아하니 입을 닫는 대가로 돈을 바라는 것 같았다. 이사벨라가 하얗게 질려서 알 하티브를 쳐다보았다. 가지고 있던 돈은 이미 다 떨어진 상태였다.

"어이, 이리로 좀 올라와 봐!"

이사벨라와 알 하티브의 표정을 살피던 에르난데스는 이들이 빈털터리라는 사실을 눈치 챘는지 아래층에 있는 일행에게 소리쳤다.

알 하티브와 이사벨라는 사색이 되었다. 곱게만 자란 알 하티브와 이사벨라는 애초부터 에르난데스의 상대가 되지 못했다.

"에르난데스, 무슨 일이야?"

오반도와 디에고가 비틀비틀 층계를 올라오면서 소리쳤다.

"달아나요!"

로이가 어쩔 줄을 모르고 서 있는 두 사람에게 소리쳤다. 비록 저들이 험악한 악당이고 세 명이나 될지라도, 지금은 술에 취해 있는 상태다. 로이는 해볼 만하다고 생각했다.

로이가 층계를 내려다보고 있는 에르난데스를 냅다 걷어차자 에르난데스가 비명을 지르며 아래로 굴러 떨어졌다.

"이리로!"

로이는 알 하티브와 이사벨라를 바깥으로 통하는 계단으로 안내했다. 알 하티브가 겁에 질린 이사벨라의 손을 이끌고 로이의 뒤를 따랐다.

"잡아!"

에르난데스가 소리쳤다.

"빨리요!"

로이가 허둥대는 두 사람을 재촉했다. 아무리 취했다고는 하지만 해적질을 하던 자들을 정면에서 당해 내기는 힘들 것이다. 에르난데스 일행은 여차하면 칼을 휘두를 기세였다.

"어딜!"

이사벨라가 막 계단을 내려서는데 어느 틈에 쫓아왔는지 오반도가 세 사람의 앞을 가로막았다. 그의 손에는 기다란 칼이 들려 있었다. 로이는 앞이 깜깜했다.

"윽!"

실실 웃으며 다가오던 오반도가 갑자기 외마디 비명을 지르며 거꾸러졌다. 뒤에서 로이의 엄마가 몽둥이로 그를 내려친 것이다.

"내 여관에 든 손님인데 끝까지 안전하게 책임져야지. 마차가 있으니 빨리 여기를 빠져 나가거라."

"엄마!"

"여자인 줄 진작에 알고 있었다. 이유는 몰라도 쫓기는 모양인데 아무리 봐도 나쁜 사람들 같지는 않구나. 로이, 서둘러라."

엄마는 마구간을 가리켰다. 머뭇거릴 틈이 없었다. 로이는 날 듯이 마차에 올라탔다. 알 하티브와 이사벨라가 뒤이어 올라타자 마차는 쏜살같이 내달렸다. 에르난데스 일당이 고래고래 소리를 지르며 쫓아왔지만 마차는 이미 거리를 질주하고 있었다.

묘한 광경에 거리를 거닐던 사람들의 시선이 쏠렸다. 두 사람은 이제 더 이상 숨어 지낼 수 없게 되었다. 제독 부인에게 도움을 청해 속히 팔로스를 빠져나가는 수밖에 없었다. 로이는 마차를 수도원으로 몰았고, 말은 로이의 마음을 이해한 듯 힘차게 달렸다.

마침내 라비다 수도원에 다다랐다. 로이는 달려오는 경비병을 무시하고 그대로 안으로 내달렸다.

"여기서 이별해야겠군요. 두 분, 부디 행복하세요."

제독 부인이 사는 곳에 이르렀을 때 로이는 두 사람을 내려 주며 말했다. 뒤에서 경비병이 소리를 지르며 쫓아오고 있었다.

"정말 고맙구나. 네 은혜는 잊지 않겠다."

이사벨라와 알 하티브가 차례로 로이의 손을 잡으며 진심으로 고마움을 표시했다. 로이는 안으로 향하는 두 사람을 바라보

며 마음 속으로 행복을 빌었다.

그런데 문으로 들어서려던 두 사람이 갑자기 걸음을 멈추었다. 그들은 주춤주춤 뒷걸음질을 쳤다. 이사벨라는 당장에라도 쓰러질 것만 같았다.

그때 문 안에서 한 남자가 천천히 걸어 나왔다. 로이는 그 남자를 한눈에 알아볼 수 있었다. 바로 선술집에서 자신을 도와주었던 사람이었다.

"기다리고 있었다."

세르다가 겁에 질린 이사벨라에게 성큼성큼 다가왔다. 세르다의 뒤에는 겁먹은 표정의 베아트리스가 서 있었다. 뒤쫓아온 경비병들이 알 하티브를 에워쌌다.

"베아트리스……."

"미안해, 이사벨라. 하지만 진정으로 너를 위하는 길이 어떤 것인지 고심 끝에 네 오빠의 말을 따르기로 했어."

베아트리스가 이사벨라의 눈길을 피하면서 입을 열었다.

그렇다면 저 남자가 이사벨라의 오빠란 말인가. 로이는 절망에 젖어서 고개를 숙이고 있는 알 하티브와 그를 무섭게 노려보고 있는 세르다를 보며 맥이 탁 풀렸다.

이제 알 하티브는 감옥에 갇힐 것이고, 이사벨라는 평생 불행 속에서 살게 될 것이다. 제독 부인은 진정으로 이사벨라를 위하는 길이라고 했지만, 로이는 이사벨라가 알 하티브와 헤어져서 결코 행복하지 못할 것이란 걸 잘 알고 있었다. 그러나 로이가 할 수 있는 것은 아무것도 없었다. 로이는 알 하티브가 경비병들에 붙잡히는 것을 보면서 마차를 돌렸다.

풀이 죽어서 수도원을 나서던 로이는 저쪽에서 걸음을 재촉하고 있는 남자를 보고 마차를 멈추었다. 바로 알 하티브와 함께 사그레스 항해 학교에서 공부했다는 항해사였다.

로이는 마차에서 내려 나바레테에게 달려갔다. 알 하티브를 구할 수 있다는 실낱 같은 희망이 일었다. 나바레테는 초라한 차림의 소년이 허겁지겁 자신에게 달려오자 눈이 휘둥그레졌다.

미지의 세계를 찾아서

해가 막 수평선 위로 떠올랐다. 팔로스 항구는 아직 어둠이 채 걷히지 않았지만 많은 사람들로 붐비기 시작했다. 1492년 8월 3일. 드디어 콜럼버스의 선단이 출항에 나선 것이다.

산타마리아호를 중심으로 핀타호와 니나호가 늠름한 자태로 항구에 정박해 있었다. 사람들이 구름처럼 모여 있는 가운데 선원들은 배웅 나온 사람들과 아쉬운 작별을 나누었다. 살아서 돌아오지 못할지도 모르는 출항이었다.

"로이!"

엄마가 로이의 손을 꼭 잡았다.

"염려 마세요. 꼭 숙박비를 받아 낼 테니까요."

로이가 울음을 억지로 참고 있는 엄마를 위로했다. 에르난데스 일당은 끝내 숙박비를 내지 않고 배에 올랐고, 그 때문에 로이 모자는 빚을 떠안고 말았다.

"지구 끝까지 쫓아가서라도 숙박비를 받아 오겠어요."

로이가 슬픔에 빠진 엄마를 위로하기 위해 말을 꺼냈을 때 의외로 엄마는 순순히 로이의 승선을 허락했다.

"네 아버지 생각이 나는구나. 내가 그렇게 말렸지만 끝내 바다로 떠나 버렸지. 내가 말린다고 될 일이 아니라는 건 진작부터 알고 있었다. 가거라. 넓고 먼 세계에서 네 뜻을 펼치도록 해라."

평소에는 강인한 엄마였지만 로이를 떠나보내며 하염없는 눈물을 흘렸다. 로이는 터질 것만 같은 울음을 간신히 참고 핀타호로 향했다. 에르난데스 일당도 핀타호에 타기로 되어 있었다.

"로이!"

산타마리아호에 실릴 식품들을 검사하고 있던 파블로가 배에 오르려는 로이를 불러 세웠다. 로이가 쳐다보자 파블로가 슬쩍 옆을 가리켰다. 두건을 깊이 눌러쓴 채 파블로를 도와서 물품을 검사하고 있던 이사벨라가 로이를 쳐다보며 살짝 미소를 지었다.

세르다에게 체포되었던 알 하티브는 바로 그날, 선단의 수석 항해사직을 수락하고 콜럼버스 제독으로부터 사면을 받았다. 로이의 말을 전해 들은 나바레테가 콜럼버스에게 달려갔고, 에스파냐 국왕과의 협약에 의해서 선단에 합류하는 자에게 사면할 수 있는 권리를 가지고 있었던 콜럼버스는 알 하티브에게 선단의 수석 항해사를 맡아 줄 것을 요청했다. 알 하티브는 콜럼버스 제독의 제안을 받아들였고, 세르다는 내키지 않았지만 알 하티브를 풀어 줄 수밖에 없었다.

세르다는 여동생 이사벨라만이라도 그라나다로 데려가려고 했지만 그것도 뜻대로 되지 않았다. 이사벨라는 알 하티브와 절대로 떨어지지 않겠다고 버티었고, 콜럼버스가 남장을 하고 산타마리아호에 승선하는 것을 허락했기 때문이다.

'잘 가거라. 주님의 가호가 항상 함께하기를 빌겠다.'

세르다는 위험을 무릅쓰고 사랑하는 사람을 따라가겠다는 여동생을 더 이상 만류할 수 없었다. 어차피 그리스도 세계와 이슬람 세계 양쪽 어디에서도 발을 붙이기 힘든 두 사람이었다. 차라리 머나먼 동양에서 보금자리를 찾는 게 더 나을 수도 있었다.

과연 동양에 닿을 때까지 무사히 신분을 감출 수 있을까. 로이는 그게 걱정되었다. 일단 바다로 나가면 이사벨라는 조리실에서 대부분의 시간을 보낼 것이고, 파블로 아저씨가 옆에서 지켜 줄 것이다.

"힘내거라, 로이. 기왕이면 우리랑 같은 배를 탔으면 좋았을 텐데……."

파블로가 로이의 등을 두드리며 격려해 주었다. 태어나서 처음 하는 항해인 데에다가 살아서 돌아온다는 보장도 없는 미지의 세계를 찾아 떠나는 길이다. 아무리 바다를 동경하며 살았다고 해도 로이의 마음은 편치 않았다.

"괜찮아요. 그보다는 이사벨라를 잘 부탁해요, 아저씨."

로이가 의젓하게 대답했다.

"이 녀석아, 네 걱정이나 해. 행여 네가 잘못되기라도 하면 내가 무슨 낯으로 네 엄마를 보겠느냐."

로이는 파블로에게 인사한 뒤, 잔잔한 미소를 머금고 있는 이사벨라의 손을 한 번 힘껏 잡고는 핀타호로 달려갔다.

마침내 해가 환한 빛을 발하며 수평선 위로 떠올랐다. 산타마리아호에 40명, 핀타호에 26명, 니나호에 24명, 전부 90여 명에 달하는 선원들의 승선이 끝났다. 세 척의 배는 깃발을 펄럭이며 위풍당당하게 물결 위에서 출렁이고 있었다. 이제 크리스토퍼 콜럼버스 제독의 출항 명령이 떨어지면 세 척의 배는 머나먼 동양을 찾아서 서쪽으로 서쪽으로 항해를 시작할 것이다.

콜럼버스가 산타마리아호의 지휘대 높은 곳에서 손을 번쩍 들어 신호를 보냈다. 그의 신호를 시작으로 세 척의 배는 산타마리아호를 선두로 미끄러지듯 팔로스 항구를 떠났다.

"바람이 아주 좋습니다. 순항을 예고하는 것 같군요."

산타마리아호의 선장 라 코사가 조금은 긴장한 표정으로 콜럼버스에게 말했다.

"그렇군. 신께서 우리를 지켜 줄 것이오."

콜럼버스는 그렇게 대답하고 주위를 둘러보았다. 선장과 일등 항해사, 이등 항해사 나바레테가 다소 긴장한 얼굴로 멀어져 가는 팔로스를 쳐다보고 있었고, 조금 떨어진 곳에 새로 합류한 선단의 수석 항해사 알 하티브가 무표정한 얼굴로 서 있었다.

'저 무어 인이 사그레스 항해 학교에서 천재라는 소리를 들었단 말이지.'

콜럼버스는 나바레테의 말을 믿고 선단의 수석 항해사로 임명하기는 했지만, 불안한 마음을 감출 수는 없었다. 하지만 명문 사그레스 항해 학교를 우수한 성적으로 졸업했다니 능력을 믿어 보는 수밖에 없었다.

개종을 거부한 무어 인이 에스파냐 귀족 여인과 사랑에 빠져서 도망 중이라는 사실도 흥미를 끌었다. 연약해 보이는 외모와는 달리 그런 용기가 어디서 났을까. 콜럼버스는 알 하티브의 그런 용기와 신념을 높이 평가했다.

오랜 준비와 노력 끝에 드디어 출항했지만, 정작 힘든 일은 이제부터일 것이다. 콜럼버스는 수평선 너머로 서서히 멀어져 가는 팔로스 항구를 쳐다보며 꼭 성공할 것을 다짐했다. 세 척의 배는 순풍을 타고 거침없이 대서양을 향해 나아갔다.

로이는 핀타호의 갑판 위에 서서 끝없이 펼쳐진 바다를 보면서 감탄을 금치 못했다. 바닷가에서 태어나고 바닷가에서 자란 로이지만 이처럼 넓은 바다는 처음이었다.

"꾸물댔다가는 바다 속으로 처넣어 버릴 테다!"

로이가 숙박비를 받아내겠다고 승선을 하자 에르난데스 일당은 도리어 좋아했다. 밀린 숙박비를 미끼로 삼아 로이를 심부름꾼으로 부릴 작정이었다.

'나는 그렇게 호락호락한 아이가 아니야.'

핀타호의 하급 선원이 된 로이는 이를 악물었다. 선상의 생활은 생각했던 것 이상으로 고되고 힘들었다.

하급 선원들은 숙소가 따로 없었다. 일이 없을 때면 돛대 밑이나 갑판 구석 아무 데서나 잠을 잤다. 그러다 배가 흔들리면 이리저리 구르다 다치기 일쑤였다. 먹는 것도 형편없었다.

갑자기 배가 흔들렸다. 로이는 얼른 밧줄을 붙잡았다. 행여 잘못해서 바다에 떨어지면 그것으로 끝이었다. 바다에 빠진 하급 선원을 구하려고 배가 항해를 멈추는 일은 없었다.

시간이 지날수록 로이는 자신이 생각했던 것보다 훨씬 더 바다가 위험하고 비정한 곳이라는 것을 깨달았다.

고된 나날이 이어졌다. 하급 선원 중에서도 보조에 속하는 로이에게는 따로 정해진 일이 없었다. 그때그때 일손이 모자라는 곳으로 달려가서 일을 거들어야 했다. 서툰 망치질과 바느질로 목수와 봉범사를 도와야 했고, 끼니때가 되면 요리사를 거들어서 선원들 식사를 준비해야 했다. 그리고 선내 구석구석을 돌아다니면서 쥐를 잡는 일도 로이의 몫이었다. 일은 거기서 그치지 않았다. 밤이면 망루에 올라가서 보초를 서야 했다.

"이제 교대군. 지겨워서 죽는 줄 알았네. 어, 왜 너야?"

로이는 술에 취해서 쓰러진 디에고를 대신해서 망루에 올라왔다. 아무리 깨워도 일어나지 않기에 순번을 바꾸기로 한 것이다.

"쳇! 디에고가 술에 곯아 떨어진 모양이군."

먼저 망루를 지키던 선원이 투덜대며 로이에게 망원경을 넘기고 얼른 내려갔다.

검은 바다 저 앞쪽에서 산타마리아호가 하얀 물결을 힘차게 가르며 전진하고 있었고, 멀지 않은 곳에서 니나호가 부지런히 그 뒤를 따르고 있었다.

로이는 하늘을 올려다보았다. 검푸른 수평선 위로 별들이 밤하늘을 아름답게 수놓고 있었다. 이제부터 네 시간 동안 이렇게 밤하늘의 별을 벗 삼아 혼자 있어야 한다.

생각이 꼬리에 꼬리를 물었다. 제일 먼저 엄마가 생각났고, 이어서 산타마리아호에 탑승하고 있는 이사벨라가 떠올랐다.

카나리아 제도에 들어서면 산타마리아호로 옮겨 달라고 할까? 나중에라도 에르난데스 일당이 밀린 숙박비를 순순히 줄까? 혹시 사람들 말대로 수평선 너머는 지옥으로 통하는 낭떠러지가 아닐까? 여러 가지 생각들이 로이의 머리를 스치고 지나갔다. 그러면서 서서히 밀려오는 피로감에 로이는 깜박 잠이 들고 말았다.

얼마나 졸았을까. 핀타호가 흔들리면서 로이는 퍼뜩 정신이 들었다. 정신을 차려야 한다. 졸다가 떨어지면 끝장이다. 로이는 자신을 다그치며 밀려오는 졸음을 떨쳐냈다.

"디에고, 그래 생각해 봤어?"

누가 돛에 매달려서 디에고를 부르고 있었다. 로이가 순번을 바꿔서 먼저 올라온 사실을 모르는 모양이었다. 로이는 목소리의 주인공이 누굴까 추측해 보았지만 선뜻 떠오르지 않았다.

로이가 아무 대답이 없자, 돛에 매달린 사내가 목소리를 낮추며 말을 이었다.

"에르난데스와 오반도는 좋다고 했어. 기회는 아무 때나 오는 게 아니야. 동양 항로니 뭐니 하면서 괜히 알지도 못하는 바다로 갔다가 아까운 목숨을 잃을 필요는 없잖아?"

이게 무슨 소릴까? 로이는 잠이 확 달아났다.

"이봐, 조는 거야? 왜 대답이 없어?"

사내는 줄사다리를 기어오르려고 했다. 로이는 가슴이 철렁했다. 보아하니 뭔가 은밀한 일을 꾸미고 있는 것 같은데, 자신이 디에고가 아니라는 사실을 알았다가는 가만두지 않을 것이다. 로이는 가슴이 조마조마했다.

"쳇, 정말 조는 모양이군. 좋아, 어차피 내일 야민이 다시 얘기할 테니."

망루를 올라오려던 사내가 생각을 바꾸어 줄사다리를 내려갔다. 로이는 안도의 숨을 몰아쉬었다. 그와 동시에 그가 누군지 떠올랐다. 야민은 유대인 무리를 이끄는 나이 많은 유대인이었

고, 목소리의 주인공은 그를 따라 다니는 젊은 유대인이었다. 핀타호에는 야민을 비롯해서 유대인들이 여러 명 타고 있었다.

유대인이 에르난데스 일당과 무슨 일을 꾸미고 있는 걸까. 유대인 추방령이 내려지면서 급히 에스파냐를 떠나느라 선단에 합류한 것은 이해가 되었지만, 저들은 불량배인 에르난데스 일당과는 어울리지 않은 사람들이다.

갑자기 겁이 덜컥 나면서 등골이 오싹했다. 뭔지 자세히는 몰라도 콜럼버스 제독이나 마르틴 핀손 선장이 모르는 어떤 일이 은밀히 진행되는 느낌이었다. 그렇지 않아도 어제와 오늘 연달아 키가 고장나면서 핀타호가 선단에서 잠시 이탈하는 사태가 발생했던 터였다. 다행히 큰 고장이 아니었기에 곧 선단을 따라잡을 수 있었지만, 바다에서 선단이 흩어지는 일이 생기면 항해는 실패로 끝나고 말 것이다.

어떻게 해야 하나. 로이는 판단이 서지 않았다. 이럴 때 파블로 아저씨가 같은 배에 있다면 얼마나 좋을까.

배 안에 드리워진 검은 그림자

콜럼버스와 알 하티브는 산타마리아호 꼬리 갑판 바로 아래에 있는 제독의 방에서 해도를 펼쳐 놓고 심각한 표정으로 앉아 있었다. 선단은 무사히 마데리아 제도를 지났다. 이제 곧 아조레스 제도에 도착할 것이다. 바다는 잔잔하고 바람도 순풍이다.

"이제부터로군요."

알 하티브가 해도에서 눈을 떼지 않고 입을 열었다.

"그런 셈이지. 아조레스 제도 서쪽으로 가 본 사람은 아직 없었으니까."

콜럼버스도 해도에서 눈을 떼지 않았다. 아무것도 표기되어 있지 않은 미지의 세계. 그 미지의 세계가 이제 그들 앞에 모습을 드러낼 것이다.

"비록 항해는 처음이지만 바람과 해류는 파악해 두었네. 리스본과 카디스를 오가며 오랫동안 대서양의 해류와 해풍을 관측해 왔지."

"그렇다면 큰 문제는 없을 겁니다."

알 하티브는 어쩔 수 없이 선단에 합류하게 되었지만, 수석 항해사를 맡은 이상 최선을 다할 생각이었다.

"문제는 역시 동양까지의 거리인데……. 신념이 흔들려 본 적은 없지만, 막상 바다에 나오니 솔직히 겁도 좀 나는군."

콜럼버스가 여태껏 한 번도 털어놓은 적이 없는 속마음을 알 하티브에게 조심스레 내비쳤다. 콜럼버스는 항해에 관한 한 알 하티브의 의견을 최대한 존중해 줄 생각이었다. 그동안은 오로지 출항 그 자체가 문제였지만, 이제는 자신을 포함해서 90여 명이 넘는 선원들의 생사가 걸려 있었다.

알 하티브는 에스파냐 왕실 자문단에서 콜럼버스 제독의 후원 요청을 거절했던 적이 있음을 잘 알고 있었다. 콜럼버스가 동양까지의 거리를 터무니없이 짧게 잡고 있다는 것이 자문단의 거절 이유였는데, 알 하티브의 생각도 크게 다르지 않았다. 동양까지의 거리가 1,700레과라고 주장하는 콜럼버스의 계산은 아무래도 무리가 있는 것 같았다.

그렇지만 알 하티브는 최선을 다해서 콜럼버스를 도울 생각이었다. 터무니없는 환상은 경계해야겠지만 확실치 않은 사실로 미리 실망을 안겨 줄 필요도 없었다. 갑자기 배를 타는 바람에 아직까지도 얼떨떨하긴 하지만 차차 익숙해질 것이다.

콜럼버스에게서 이번 항해에 관한 세부적인 일들을 지시 받고 방을 나선 알 하티브는, 자기 방으로 향하려던 걸음을 돌려서 배의 뒤쪽 갑판으로 향했다. 수평선을 가늠하기 어려울 정도로 검푸른 바다와 하늘이 사방을 에워싸고 있었다. 뱃전에 부서지는 하얀 파도 저 멀리로 핀타호와 니나호가 반짝반짝 빛을 발하고 있었다.

알 하티브는 고개를 들었다. 하늘에서 수많은 별들이 밝은 빛을 뿌리고 있었다. 하늘! 하늘은 사그레스 항해 학교 시절에 자신의 가슴을 설레게 했던 친구다. 알 하티브는 한동안 멀리 떨어져 있던 옛 친구를 다시 만나는 기분으로 밤하늘을 올려다보았다.

'정확한 경도를 계산할 수 있다면 얼마나 좋을까?'

알 하티브는 퍼뜩 마문이 준 시계를 떠올렸다. 늙은 노예 마문이 자신을 해방시켜 준 것을 고마워하며 건네주었던 태엽 시계는 첫눈에 보기에도 아주 정밀한 것이었다. 마문의 손재주가 뛰어나다는 사실은 익히 알고 있었다. 그는 틈나는 대로 뭔가 만들고 있었는데, 그게 태엽 시계일 줄은 꿈에도 몰랐다.

마문의 태엽 시계는 얼마나 정확할까? 알 하티브는 그라나다 천문대 시절에 월식을 예측했던 기억이 떠올랐다. 만약 월식 시각만 정확하다면 경도를 측정할 수 있을지도 몰라. 생각이 거기까지 미치자 알 하티브의 가슴이 쿵쿵 뛰기 시작했다.

알 하티브는 흥분을 가라앉히고 주방으로 걸음을 옮겼다. 이사벨라가 걱정이 되었다. 다른 선원들과 마주칠 일이 별로 없고 주방장 파블로가 옆에서 돌봐 준다 해도 남자로 위장하는 데에는 한계가 있을 것이다. 거칠고 사나운 선원들에게 이사벨라의 신분이 탄로 났다가는 곤란한 일이 생길 것이다.

주방으로 향하던 알 하티브는 웬 선원이 주방 근처에서 어슬렁거리는 것을 보고 걸음을 멈추었다. 인기척에 힐끗 고개를 돌린 자는 곤살베스였다. 그는 선원들 사이에서 제법 우두머리 노릇을 하는 자였다. 곤살베스는 알 하티브가 다가오자 항해사에 대한 예우도 갖추지 않고서 휑하니 사라졌다. 불러 세워 주의를 줄까 하다가 모른 체하기로 했다. 공연히 문제를 일으키고 싶지 않았다.

혹시 저자가 이사벨라가 여자라는 사실을 눈치 챈 것은 아닐까. 알 하티브는 불안감을 억누르며 주방으로 들어섰다.

"알 하티브!"

주방을 정리하고 있던 이사벨라가 알 하티브를 보더니 얼른 다가왔다.

"힘들지 않소?"

알 하티브는 남장을 하고 좁은 공간에서 갇혀 지내고 있는 이사벨라가 안쓰러웠다.

"견딜 만해요. 알 하티브를 아무 때나 만날 수 없다는 사실만 빼면."

이사벨라가 애써 웃음을 지어 보였지만, 얼굴에 피곤한 기색이 역력했다.

"항해사 나리의 마음은 이해하지만 항해사가 주방에 들락거리는 걸 선원들이 보면 이상하게 생각할 겁니다."

파블로가 걱정 어린 말을 남기고 자리를 비켜 주었다. 알 하티브가 멋쩍은 웃음을 지어 보였다.

"파블로가 도와줘서 별로 힘들지 않아요."

"그렇겠지. 파블로가 좋은 사람이라는 건 나도 잘 알고 있소."

"언제쯤 동양에 도착하나요?"

"그건 나도 몰라. 제독은 길어야 한 달이면 동양에 닿을 거라고 하지만 추측이고 바람일 뿐, 일단 바다에 나온 이상 그 다음부터는 모든 것을 하늘의 뜻에 맡기는 수밖에 없소."

"그럼 나는 예수 그리스도에게, 당신은 알라신에게 빌어야겠군요."

"그리 말을 하니 마치 넘을 수 없는 벽을 마주한 사람처럼 느껴지는군. 나는 신앙도, 나라도, 또 인종도 우리 사랑을 막을 수 없다고 생각해. 물론 당신도 같은 생각이겠지만. 당신 오빠 말대로 우리 둘은 이 땅 어디에서도 발을 붙일 수 없는 사람들이야. 새로운 땅, 동양에 가서 우리 둘만의 보금자리를 마련하는 수밖에. 힘들겠지만 조금만 참아주오."

"얼마든지 참을 수 있어요. 더구나 알 하티브 당신이 항해를 책임지고 있잖아요."

오히려 자신을 격려하는 이사벨라를 보며 알 하티브는 두 손에 힘이 쥐어졌다.

산타마리아호를 비롯한 핀타호와 니나호는 중간에 잠시 머물기로 한 카나리아 제도의 그란카나리아 섬에 무사히 입항했다. 애초에는 고메라 섬에 입항할 예정이었는데, 핀타호의 키를 수리하기 위해서 그란카나리아 섬으로 바꾼 것이다.

"파블로 아저씨!"

로이가 양손에 식수통을 들고 투덜대며 배에서 내리고 있는 파블로를 발견하고 달려갔다. 팔로스에서 헤어진 지 닷새 만에 다시 만난 것이다. 세 척의 배에 나누어 승선했던 선원들도 오랜만에 서로 반갑게 인사를 나누었다.

"이사벨라는요?"

로이는 내내 궁금했던 이사벨라의 안부를 물었다.

"괜히 돌아다니다 남에 눈에 띄면 좋을 게 없어서 배에 남아 있으라고 했다. 덕분에 나만 고달프게 됐구나. 식수를 전부 나 혼자서 날라야 하니."

"제가 도울게요. 그 대신에 이사벨라를 잘 부탁해요."

로이가 얼른 식수통 하나를 받아들었다.

"참, 알 하티브는 어떻게 지내나요?"

로이는 어제 망루에서 엿들었던 얘기를 떠올리며, 수석 항해사인 알 하티브에게 상의할 생각이었다.

"항해사는 밤낮으로 제독하고 붙어지내고 있어. 제독의 신임이 대단하던데."

"만날 수 있을까요? 해 줄 얘기가 있는데."

"항해사를? 너하고 특별한 사이라는 건 잘 알지만, 그래도 일단 배를 탄 이상 하급 선원하고 수석 항해사하고는 신분이 다르다는 걸 명심해라."

파블로가 무슨 일이냐는 듯 쳐다보았지만, 로이는 일단 입을 다물기로 했다. 확실치도 않은 일을 가지고 큰 소동을 빚고 싶지는 않았다.

설마 하는 마음으로 객사로 들어선 핀타호의 공동 주인 퀸테로와 라스콘은, 핀타호의 일등 항해사 프란체스코 핀손이 유대인들과 함께 앉아 있는 것을 보고 얼굴이 굳어졌다. 일등 항해사가 벌써 저들과 한패가 되었단 말인가. 유대인의 말은 빈 말이 아니었다.

객사에는 핀타호에 승선한 유대인 선원들 외에도 처음 보는

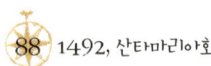

유대인들이 여럿 모여 있었다. 저들의 말대로라면 그란카나리아 섬에 미리 와서 기다리고 있던 유대인들일 것이다.

에르난데스가 무리를 데리고 나타나더니 두 사람 주위를 에워쌌다. 그들은 이미 유대인의 지시에 따르고 있었다.

그렇다면 선상 반란이란 말인가. 두 사람은 겁이 덜컥 났다.

"앉으시오."

야민이 위압적인 말투로 앉을 것을 권했다. 라스콘과 퀸테로는 자리에 앉았다.

"두 분은 애초부터 콜럼버스 제독의 항해에 별로 찬성하지 않은 것으로 알고 있소."

선원들은 물론 사관들도 유대인들과 한패가 된 것 같았다. 마르틴 핀손 선장은 지금 이 사태를 알고 있을까? 문득 마르틴 핀손 선장도 벌써 저들과 손을 잡은 것은 아닌가 하는 생각이 들었다. 그렇다면 일은 이미 돌이킬 수 없는 데까지 진행된 것일지도 모른다. 두 선주의 등에서 식은땀이 흘러내렸다.

"두 분에게 절대로 해가 가지 않게 하겠소."

야민이 겁에 질려 있는 라스콘과 퀸테로를 안심시키고 나섰다. 돈이라면 얼마든지 있으니 피를 보는 것보다는 매수하는 쪽을 택한 것이다.

"도대체 뭘 어떻게 하자는 건가? 보아하니 키가 고장난 것도 저들이 꾸민 짓 같군."

퀸테로가 프란체스코 핀손 일등 항해사를 쏘아보며 입을 열었다.

"그렇소. 핀타호를 그란카나리아 섬으로 몰고 오기 위한 계획이었지. 우리 일행들이 먼저 그란카나리아 섬에 와서 기다리고 있었으니까. 우리에게는 금괴를 싣고 떠날 배가 필요할 뿐이오."

유대인들은 에스파냐에서 추방될 때 자신들의 재산을 가지고 나가는 것이 금지되었다. 그래서 야민 일행은 금괴를 에스파냐 해안가에 숨겨 놓았다가 배를 빼앗아 금괴를 싣고 외국으로 빠져나갈 계획이었다.

"우리와 손을 잡는다면 그대들을 에스파냐 해안에 내려 주고, 뱃값도 섭섭지 않게 지불하겠소."

야민이 다그치듯 말했다. 두 사람은 서로를 쳐다보았다. 에스파냐 왕실과의 채무 관계 때문에 강제로 배를 빼앗기고 할 수 없이 따라나선 항해다. 그리고 죽을지도 모르는 위험천만한 항해다. 그런데 목숨을 온전히 보전하고 돈까지 생긴다면……. 게다가 선상 반란에 따른 책임은 원칙적으로 콜럼버스 제독에게 있다. 망설일 이유가 없었다. 더구나 거부하면 당장 목숨이 위태로울 판이다. 퀸테로와 라스콘이 고개를 끄덕였다. 마르틴 핀손 선장도, 프란체스코 핀손 일등 항해사도 같은 생각일 것이다.

"좋소. 나머지 일은 우리가 다 알아서 할 것이오."

야민이 만족한 듯 말했다.

"배의 주인도 우리 편이 되었다."

필요한 선원들은 이미 포섭이 된 상태였다.

"그렇습니다. 일이 순조롭게 진행되고 있습니다."

유대인 20여 명을 데리고 미리 그란카나리아 섬에 와서 기다리고 있던 하비브가 히죽거리며 입을 열었다.

"문제는 이등 항해사인데……. 어쩌면 지금쯤 무슨 낌새를 채고서 제독에게 달려갔을지도 모르겠습니다."

진작부터 유대인들과 손을 잡은 프란체스코 핀손 일등 항해사가 입을 열었다. 웬만하면 이등 항해사를 포섭하려 했으나, 호락호락한 자가 아니었다.

카나리아 제도에는 많은 에스파냐 사람들이 건너와서 살고 있었기 때문에 항구며 숙박 시설, 그리고 배와 선원들은 어렵지 않게 구할 수 있었다. 하지만 유능하고 믿을 수 있는 항해사를 구하는 일은 쉬운 일이 아니었다. 마르틴 핀손 선장은 만일의 경우에 대비해서 이번 일에 나서지 않기로 합의를 봤던 터였다.

"나도 그자가 순순히 우리 편이 될 거라고 생각지는 않아. 콜럼버스 제독에게 충성하고 있으니……."

야민이 동의했다.

"그렇다면 언제 실행할까요?"

하비브가 불안한 눈빛으로 야민을 쳐다보며 물었다.

"산타마리아호와 니나호는 곧 예정대로 고메라 섬으로 떠날 거야. 두 배가 떠난 다음에 핀타호를 빼앗기로 한다. 콜럼버스 제독만 떠나면 나머지 자들을 제압하는 건 크게 어렵지 않을 거야."

야민의 눈에서 강한 의지가 일었다.

콜럼버스는 고민에 빠졌다. 핀타호에 이등 항해사로 승선하고 있는 사르미엔토가 핀타호 키의 고장이 사고가 아닐지도 모른다는 보고를 한 것이다. 그렇다면 선상 반란? 콜럼버스는 고개를 가로저었다. 섣불리 판단할 일이 아니었다. 두려움을 느낀 선원들이 돌아가고자 하는 마음에서 키에 손을 댔을 수도 있다. 그렇다면 공연히 일을 크게 벌일 필요는 없다.

"핀타호의 수리가 끝날 때까지 그란카나리아 섬에 머무는 게 어떻겠습니까?"

라 코사 선장이 의견을 내놓았다. 알 하티브도 같은 생각인지 고개를 끄덕이며 콜럼버스를 쳐다보았다. 하지만 그럴 경우 키를 완전히 수리하는 데에는 제법 시일이 걸릴 텐데 선단 전체가 그란카나리아 섬에 머문다면 추가 경비가 만만치 않을 것이다. 그러나 고메라 섬으로 가면 섬의 영주가 선단의 후원을 자청하고 나섰기에 경비 부담이 없었다.

"내가 핀타호를 직접 살핀 후에 결정하겠네."

콜럼버스가 잠시 생각한 끝에 결정을 내렸다. 벌써부터 계획에 차질을 빚어서는 안 된다. 콜럼버스는 이 기회에 흐트러져 있는 선원들의 마음을 다잡아 놔야겠다고 생각했다.

알 하티브는 사관들의 뒤를 따라서 제독의 방을 나섰다. 발길이 저절로 주방으로 향했다. 선원들은 대부분 배에서 내린 상태였고, 파블로도 식수를 나르느라 마침 자리에 없으니 주방에는 이사벨라 혼자 남아 있을 것이다.

출항한 지 벌써 6일째, 이사벨라는 꼼짝없이 그 좁은 주방에서 갇혀 지내고 있었다.

알 하티브는 주방에 이르자 주위를 살폈다. 아무도 없는 것을 확인하고 주방문을 열고 안으로 들어선 알 하티브는 깜짝 놀랐다. 이사벨라가 어떤 남자와 마주 앉아 있는 것이었다.

"알 하티브!"

경계하며 뒤로 물러서던 알 하티브는 그가 로이라는 사실을 알고 안도의 숨을 내쉬었다.

"로이로구나! 그렇게 차려입으니 제법 선원 같은데."

알 하티브는 오랜만에 보는 로이와 반갑게 인사를 나누었다.

"그래, 지낼 만하니? 뱃일이 힘들 텐데."

"팔로스의 소년은 처음부터 선원으로 태어났어요."

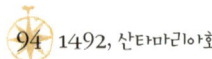

로이가 의젓하게 대답했다.

"그렇구나. 너는 잘할 거야. 하지만 생전 일이라고는 해 본 적이 없는 이사벨라가 염려되는구나……. 생선을 자르고 고기를 다지는 이사벨라를 생각하니 마음이 편치가 않아."

"염려 마세요, 알 하티브. 살아 있는 닭을 잡는 것만 빼고는 나도 얼마든지 잘 해낼 수 있어요."

이사벨라도 모처럼 두 사람을 만난 것을 반가워하며 활짝 웃었다.

"파블로 아저씨가 옆에서 잘 도와줄 테니 너무 걱정하지 마세요."

로이가 알 하티브를 안심시켰다. 주방에는 내일 아침 식단에 오를 소금에 절인 생선과 불에 그을린 돼지고기, 굳은 빵과 별로 싱싱하지 않은 채소들이 어지럽게 널려 있었다. 알 하티브는 안쪽에 빼곡히 놓여진 포도주 통을 보면서, 저 틈에서 이사벨라가 새우잠을 잘 것을 생각하니 안타까웠다.

로이는 그만 자리를 비켜 주어야겠다고 생각했다.

"참!"

주방을 나가던 로이가 문득 생각났다는 듯이 걸음을 멈추었다.

"핀타호에 혹시 무슨 일이 있는 건 아닐까요?"

로이가 조심스럽게 입을 열자, 그게 무슨 소리냐는 듯 알 하티브가 쳐다보았다.

"키 고장이 단순한 사고가 아닐지 모른다는 생각이 들었어요."

"그 일이라면 콜럼버스 제독과 이미 의논했다. 콜럼버스 제독이 직접 핀타호를 자세히 조사한 뒤 마르틴 핀손 선장과 만나서 대책을 논의할 거야. 어쩌면 단순한 고장일 수도 있고, 아니면 네 추측대로 항해에 겁을 먹은 무리들이 일부러 핀타호의 키를 망가뜨렸을 수도 있겠지."

지휘부에서 상황을 파악하고 대책을 마련할 것이라니 다행이었다. 로이는 한결 가벼워진 마음으로 두 사람에게 작별 인사를 하고 산타마리아호를 떠났다.

핀타호의 사르미엔토 이등 항해사는 콜럼버스 제독을 대할 면목이 없었다. 이틀 연속으로 키가 고장이 나는 바람에 항해 일정에 차질을 빚고 만 것이다.

"키를 살펴봤는데 예상했던 것보다 심각합니다."

사르미엔토는 일정에 차질을 빚을 수밖에 없음을 솔직히 고백했다. 콜럼버스는 묵묵히 듣고만 있었다.

"내일 고메라 섬으로 갈 예정인데, 그럼 핀타호는 여기 그란 카나리아 섬에 남겠다는 건가?"

카나리아 제도의 영주인 이네스 페라사와 고메라의 통치자인 길렌 페라사 백작은 콜럼버스의 강력한 후원자들이다. 선단은 카나리아 제도의 고메라 섬에 들러서 물자를 지원 받기로 되어 있었다.

"현재로서는 그러는 수밖에 없습니다. 배를 수리하려면 아무래도 그란카나리아 섬이 좋습니다."

"그야 그렇겠지……."

콜럼버스가 잠시 말을 멈추었다.

"니나호도 그란카나리아 섬에 남겨두는 것은 어떨까?"

니나호가 남는다면 혹시라도 일어날지 모를 불미스러운 일을 미리 방지할 수 있을 것이다. 하지만 그렇게 되면 고메라 섬에서 물자를 지원받는 데 차질이 생겨서 앞으로의 항해에 막대한 영향을 끼치게 될 것이다.

"그 점은 마르틴 핀손 선장과 상의해서 결정하십시오."

충직한 뱃사람인 사르미엔토에게는 이것이 최선의 대답이었다. 콜럼버스는 알았다는 듯 고개를 끄덕이고는 자신을 뒤따르고 있는 마르틴 핀손에게 다가갔다.

"그럴 필요 없습니다."

콜럼버스의 말이 끝나기가 무섭게 마르틴 핀손이 거절했다.

"핀타호 때문에 항해 일정에 차질이 생길 수는 없습니다. 수리를 마치는 대로 선단에 합류하겠습니다."

마르틴 핀손이 단호하게 말했다. 그는 콜럼버스가 에스파냐 국왕에게 신임장을 받았다는 사실만 빼면 사실상 선단의 우두머리 노릇을 하는 사람이었다. 마르틴 핀손이 단호하게 거절하는 데에다 충직한 사르미엔토가 선원들을 장악하고 있었기 때문에 콜럼버스는 그 일을 더 이상 신경 쓰지 않기로 했다.

콜럼버스와 마르틴 핀손 선장, 사르미엔토 이등 항해사가 핀타호의 선장실에서 핀타호의 수리 일정에 대해서 논의하고 있을 무렵, 그란카나리아 섬의 라스팔마스 항구에 있는 고급 객사에는 한 무리의 사람들이 모여 있었다.

"선단이 그란카나리아 섬에 남는 일은 없을 것 같소."

라스콘이 먼저 입을 열었다.

"물론이지. 경비 문제가 만만치 않을 테니까."

퀸테로가 흡족한 미소를 지으며 라스콘의 말을 받았다. 이제 두 사람은 유대인들 편으로 완전히 돌아선 상태였다. 유대인들은 이미 핀타호를 장악하고 있었다.

"너무 낙관적으로만 생각하는 것 아니오? 콜럼버스 제독은 그렇게 호락호락한 상대가 아니오. 아마 지금쯤 핀타호의 고장이 단순한 사고가 아니라는 것을 눈치 챘을지도 모르지."

야민이 성급하게 안심하고 있는 두 사람을 가볍게 나무랐다. 객사 안에는 이 세 사람 외에 야민을 보좌하는 구리온과 핀타호의 일등 항해사인 프란체스코 핀손, 그리고 에르난데스가 자리를 함께하고 있었다.

만약의 경우를 대비했음인지 마르틴 핀손 선장은 눈치를 챘으면서도 진압하거나, 참석하지 않고 있었다. 어쨌거나 그가 묵시적으로 동의를 했다는 사실만으로도 반은 성공한 것이나 마찬가지였다.

"그럴지도 모르지. 하지만 그렇다고 하더라도 선단은 고메라 섬으로 향할 겁니다. 이네스 페라사의 도움이 없으면 항해는 불가능할 테니까요. 문제는 니나호를 그란카나리아 섬에 함께 남겨둘 수도 있다는 점인데……."

일등 항해사 프란체스코 핀손이 여기까지 말하고서 주위 사람들의 눈치를 살폈다. 같은 핀손 가문이지만 니나호의 선장인 비센테 핀손에게는 아무 연락도 하지 않은 상태였다. 그리고 그는 형인 마르틴 핀손보다 상대적으로 콜럼버스 제독에게 가까운 사람이었다.

"그럴 가능성은 별로 없다고 봅니다. 콜럼버스 제독은 고메라 섬에서 식수와 식량을 비롯해서 상당한 항해 물자를 보급받을 예정인데, 그 물자들을 전부 산타마리아호에 실을 수는 없습니다."

야민을 보좌하는 젊은 유대인이 즉시 대답했다. 진작부터 계산에 넣고 있었던 모양이다.

"동감입니다. 콜럼버스 제독이 선택할 수 있는 방법은 항해를 포기하거나 핀타호만 남겨두는 것 외에는 없을 겁니다."

그란카나리아 섬에 먼저 도착해서 유대인들을 이끌고 있던 구리온도 동의했다. 야민도 일리가 있는 의견이라고 판단한 듯 고개를 끄덕였다. 그렇다면 이 문제는 더 따질 필요가 없었다.

"그렇다면 문제는 핀타호의 선원들인데……. 아직까지 포섭되지 않은 자들이 몇이나 되는가?"

야민이 에르난데스에게 시선을 돌렸다.

"사관들을 제외한 전체 선원 26명 중에서 18명이 우리 편입니다. 그러니까 애초부터 한편이었던 사람들 8명을 제외하고 10명을 새로 끌어들인 셈이지요."

에르난데스가 여유 있게 대답했다. 이만하면 설사 이등 항해사가 반대한다 해도 배를 빼앗는 데 문제가 없을 것이다.

야민이 흡족한 듯 입가에 웃음을 지었다.

"더 많아도 곤란합니다. 우리 일행도 승선해야 하니까요."

구리온이 이제 문제가 될 게 없다는 듯 히죽거렸다.

"좋아."

야민이 결론을 내렸다.

"산타마리아호와 니나호가 고메라 섬으로 떠난 후에 일을 벌인다. 저항하지 않는 자들은 그란카나리아 섬에 남겨 두고, 저항하는 자들은 없애 버려라."

야민은 자신이 핀타호의 선장이라도 된 듯 엄숙한 표정으로 명령을 내렸다.

"알겠습니다. 뒷일은 걱정하지 마십시오."

에르난데스가 씨익 웃었다. 이미 구리온을 통해서 금화 2만 레알을 건네받은 터였다. 핀타호를 장악해서 에스파냐의 코스타 델 솔까지 무사히 도착하면 금화 3만 레알을 더 받기로 되어 있었다.

선상 반란

 마침내 산타마리아호와 니나호가 라스팔마스 항구를 떠났다. 뜻하지 않은 일로 잠시 일정에 차질이 생겼지만, 더 이상 지체할 수는 없었다.
 "서둘러 키를 수리해라. 빨리 고메라 섬으로 가서 선단에 합류해야 한다."
 이등 항해사 사르미엔토가 부지런히 오가며 수리를 재촉했다. 핀타호의 선원들과 그란카나리아 섬에서 고용된 목수들이 분주히 오가며 수리에 들어갔는데, 키의 절반 이상이 부러져서 수리는 간단치 않았다.
 "대나무 못을 가져와. 큰 놈으로 다섯 개."
 현지에서 고용한 제법 나이가 있어 보이는 목수가 작업장에서 잔심부름을 담당하고 있는 로이에게 말했다. 로이는 얼른 대나무 못을 챙겨 들고 늙은 목수에게 달려갔다.

"한심해."

늙은 목수가 못박을 자리를 살피면서 중얼거렸다. 로이는 그게 무슨 뜻이냐는 듯 쳐다보았다.

"죽지 못해 안달하는 콜럼버스 제독이나 죽기 싫다고 제 배를 망가뜨려 놓는 자들이나 다 마찬가지야."

"그러면 키를 누가 일부러 망가뜨렸다는 말인가요?"

로이가 얼른 물었다. 목수는 키가 고장난 정확한 이유를 알 것이다.

"목수질로 평생을 보낸 나야. 단순한 고장인지 일부러 망가뜨린 것인지는 한눈에 알아볼 수 있어."

늙은 목수가 혀를 끌끌 찼다. 이것으로 혹시나 했던 의혹이 사실로 밝혀졌다.

"죽기 싫거든 애초부터 배를 타지 말 것이지, 그래 카나리아 제도까지 와서 죽기 싫다고 제 배를 망가뜨려? 한심한 자들 같으니."

늙은 목수는 핀타호의 선장과 선원들 모두 겁이 나서 선단에서 빠지려고 키를 망가뜨려 놓은 줄로 짐작하고 있지만, 그게 아니라는 걸 로이는 잘 알고 있었다. 그날 망루에서 들었던 말은 선상 반란의 음모가 분명했다.

"마침 잘됐다. 너라면 할 수 있을 게다. 저기 구멍이 보이지?"

늙은 목수가 대나무 못을 다 박고는 배꼬리 구석에 있는 작은 구멍을 가리켰다. 로이가 고개를 끄덕였다.

"키를 선체에 고정시키는 중요한 연결쇠인데, 이것을 저 안에 밀어 넣거라."

늙은 목수가 로이에게 뾰족하게 생긴 연결쇠를 건네며 말했다.

"팔을 넣으면 꽂는 곳이 손에 잡힐 게다. 너라면 쉽게 찾을 수 있을 거야."

로이는 늙은 목수가 시키는 대로 팔을 구멍 속으로 집어넣었다. 로이의 팔이 간신히 들어갈 수 있을 만큼 작은 구멍이었다. 로이가 연결쇠를 조심스럽게 밀어 넣자 딸깍하며 연결쇠가 걸리는 소리가 들렸다.

"단단히 물렸느냐?"

로이가 고개를 끄덕였다.

"포르투갈 방식이지. 이렇게 키를 고정시켜 놓으면 일부러 잡아 빼지 않는 이상 절대로 빠지지 않아."

늙은 목수가 키 손잡이를 한번 돌려 보더니 만족한 듯 그만 내려오라고 손짓했다.

불행하게도 로이의 예감은 들어맞았다. 그리고 그 순간은 생각했던 것보다 빨리 찾아왔다. 핀타호가 키 수리를 끝내고 바다로 나서자, 에르난데스가 앞장서 선원들을 부추겼다. 선상 반란이 일어난 것이다.

사르미엔토 이등 항해사는 반란을 막으려고 했지만, 반란자들의 수가 너무 많아 힘을 쓸 수가 없었다. 에르난데스를 따르는 선원들이 무장을 한 채 사르미엔토 주위를 에워쌌다.

"비겁한 놈들! 죽는 게 그렇게 두려웠느냐? 선상 반란을 일으킨 자들의 최후가 어떻다는 것은 너희들도 잘 알 것이다. 너희들이 살 길은 지금이라도 무기를 버리고 항복하는 것뿐이다."

사르미엔토는 반란 선원들에게 에워싸였음에도 침착을 잃지 않았다. 네 명의 선원이 그를 따르고 있었다.

"항해사께서 아직 뭘 모르고 계시는군. 우리는 죽는 게 두려워서 반란을 일으킨 게 아니야. 좀 더 쉽게 많은 돈을 벌 수 있는 기회가 있기에 그쪽을 택한 것뿐이지."

에르난데스가 웃으며 말했다.

"그게 무슨 소리냐?"

사르미엔토는 비로소 자신이 생각했던 것보다 훨씬 깊은 음모가 도사리고 있음을 깨달았다.

키의 고장은 단순 사고가 아닐지도 모른다는 것, 선원들이 돌아가자고 할지도 모른다는 것쯤은 짐작하고 있었다. 하지만 그들은 설득할 자신이 있었기에 콜럼버스 제독의 권유를 뿌리치고 단독으로 그란카나리아 섬에 남기로 한 것이다. 그런데 이게 무슨 꼴이란 말인가.

"우리가 핀타호를 좀 빌려야겠소."

야민이 선원들을 헤치며 앞으로 나섰다.

"너는……."

사르미엔토는 야민과 유대인들을 쳐다보며 비로소 음모의 실체를 파악했다. 유대인들이 핀타호의 반란에 앞장선 것이다.

"선장!"

사르미엔토는 마르틴 핀손 선장을 불렀다.

"선장은 오지 않을 거요. 항해사와 함께 핀타호를 책임져야 할 테니까."

야민이 웃었다. 선장도 저들과 손을 잡았단 말인가. 다른 사관들도 마찬가지인 모양이었다.

"에스파냐 왕실에서 우리 유대인들을 매몰차게 내쫓았다. 그래서 우리는 우리 재산을 찾아서 희망의 땅으로 가기로 했다. 그러기 위해서는 핀타호가 필요해."

야민이 단호하게 말했다.

"순순히 배에서 내리면 목숨은 살려 주겠다. 하지만 쓸데없이 반항하거나 그 이상의 관용은 기대하지 마라!"

야민이 말을 마치고 돌아서자 선원들이 달려들어 사르미엔토를 묶었다. 사르미엔토가 거칠게 항의했지만, 부질없는 반항일 뿐이었다.

"샅샅이 뒤져서 우리 편이 아닌 자들을 전부 찾아내라."

구리온이 반란에 가담한 선원들에게 명령했다. 반란에 가담한

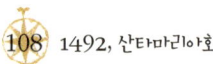

선원들이 칼을 휘두르며 기세등등하게 핀타호를 뒤지기 시작하자, 반란에 가담하지 않은 선원들이 하나 둘씩 끌려 나왔다.

밀가루 창고에서 잠시 눈을 붙이고 있던 로이는 배 안이 소란스럽자 퍼뜩 눈을 떴다.

문틈을 살피던 로이는 한 선원이 에르난데스에게 끌려가는 것을 보고 일이 벌어졌음을 짐작했다. 몸이 덜덜 떨리기 시작했다. 이제 어떻게 해야 하나. 마르틴 핀손 선장은 어떻게 되었을까. 그리고 사르미엔토는…….

몰래 핀타호를 빠져나갈 수 있을까. 설사 성공한다고 해도 상황을 바꾸는 데에는 아무런 도움이 되지 않을 것이다. 무슨 수가 없을까. 로이는 창고 속에 몸을 숨긴 채 생각에 잠겼다. 콜럼버스 제독에게 사태를 알리는 게 급했지만, 핀타호가 일단 선단을 벗어나면 콜럼버스 제독인들 대책이 없을 것이다. 핀타호를 추격한다는 것은 곧 항해를 중단한다는 뜻이다.

창고에 계속 숨어 있을 수도 없었다. 저들은 한 사람이라도 없을 경우 배 안을 샅샅이 뒤져서 꼭 찾아낼 것이다. 로이는 밖에 인기척이 없음을 확인하고 창고를 빠져나왔다. 그리고 천천히 주위를 살피며 통로로 나왔다. 아직 어떻게 해야 할지 판단이 서지 않았지만 일단 피할 수 있을 때까지 몸을 피하고 싶었다.

"그럼 그 어린 녀석을 아직 못 찾았단 말이야?"

계단 위에서 오반도의 목소리가 들렸다. 로이는 가슴이 철렁 내려앉았다. 피해야 하는데 몸을 숨길 데가 마땅치 않았다. 주위를 살피던 로이는 다람쥐처럼 계단을 타고 올라가서 천장에 매달렸다.

"창고를 뒤져 봐!"

오반도가 따라온 선원에게 지시했다. 팔다리를 뻗어 오반도 바로 위 천장에 간신히 매달려 있던 로이는 숨이 막힐 지경이었다. 오반도가 고개라도 들었다가는 금방 눈에 띄고 말 것이다.

"아무도 없는데."

"쥐새끼 같은 놈이 어디로 간 거야?"

오반도가 신경질을 부리며 계단으로 올라갔다. 로이는 재빨리 바닥으로 내려섰다. 조금만 더 늦었으면 팔 힘이 빠져서 그대로 떨어졌을 것이다. 일단 수색은 피했지만, 뾰족한 수가 없었다. 오반도는 반란에 가담하지 않은 선원들이 모두 붙잡혔다고 했다. 그렇다면 이제 나만 잡히면 끝이란 말인가.

발소리를 죽이며 앞으로 향하던 로이는 어느새 배꼬리에 이르렀다. 이곳은 늙은 목수를 도와 키 연결쇠를 고정했던 곳이다.

"뭐야! 여기는 배꼬리 중에서도 맨 밑바닥이잖아. 여기까지 뒤져야 하나?"

통로 끝에서 목소리가 들렸다. 반란 선원들이 배를 샅샅이 뒤지고 있는 모양이었다.

"여기 빼고는 다 뒤졌으니 어쩔 수 없지. 여기에도 없으면 그

냥 출항한다고 하니까 귀찮아도 살펴볼 수밖에."

목소리의 주인공은 디에고였다. 그의 발소리가 점점 가까워졌다. 막다른 곳이었다. 로이는 이제 더 이상 몸을 피할 곳이 없었다.

사색이 되어서 뒤로 물러서던 로이는 키 연결쇠를 고정시켰던 구멍을 바라보았다. 자신이 간신히 손을 밀어 넣어 연결쇠를 고정시켰던 곳이다.

로이는 얼른 구멍 속으로 손을 밀어 넣었다. 손끝에 연결쇠가 잡혔다. 로이는 연결쇠를 잡고서 그대로 비틀었다. 처음에는 꿈쩍도 하지 않더니 있는 힘을 다해서 비틀자 연결쇠가 스르르 돌아갔다. 로이는 재빨리 연결쇠를 잡아 뺐다.

"쥐새끼 같은 놈! 여기 있었구나."

로이를 발견한 디에고가 잡아먹을 듯한 표정으로 달려들더니 로이의 팔을 비틀었다. 로이는 팔이 떨어져 나가는 것 같았다.

"아얏!"

"괘씸한 녀석! 너 때문에 온 배를 다 뒤졌잖아."

디에고는 주위를 한번 둘러보고는 고통스러워하는 로이를 끌고 갑판으로 올라갔다. 갑판 위에는 사르미엔토 이등 항해사 외에 일곱 명의 선원들이 묶인 채 반란 선원들에게 둘러싸여 있었다. 어찌 된 일인지 마르틴 핀손 선장을 비롯해서 다른 사관들의 모습은 보이지 않았다.

"이 녀석, 끝까지 말썽을 부리는군. 이런 녀석은 두 손을 꽁꽁 묶어서 바다에 처넣어야 해."

에르난데스가 웃으며 다가왔다. 이렇게 많은 자들이 반란에 가담했단 말인가. 로이는 선원들을 쳐다보며 절망했다. 핀타호에는 반란에 참여한 선원들 외에도 이들과 한패인 듯한 유대인들이 여러 명 배에 타고 있었다.

"다 끝났나? 좋아. 에스파냐로 돌아간다."

야민이 핀타호의 꼬리 갑판 지휘대에서 큰 소리로 명령을 내렸다. 핀타호는 어둠이 채 가시지 않은 카나리아 제도를 힘차게 항해하기 시작했다.

순풍이었다. 핀타호는 돛을 한껏 부풀린 채 물결을 가르며 그란카나리아 섬에서 멀어져 갔다.

"꼬마야, 숙박비를 받지 못해서 어떻게 하냐?"

에르난데스가 빙글빙글 웃으며 다가왔다.

"정 억울하면 우리를 따라와. 말라가에 가면 금화를 줄 수도 있으니까."

"선상 반란을 일으키고도 네놈들이 무사할 줄 아느냐? 에스파냐 함대가 지구 끝까지라도 쫓아가서 네놈들을 잡아 교수대 위에 올려놓을 것이다."

사르미엔토가 에르난데스를 꾸짖었다.

"쳇! 쫓아올 재주가 있으면 쫓아와 보라지. 지중해에만 들어서면 끝이야. 지중해는 에스파냐 해군의 영역이 아니란 걸 몰라? 유대인들은 엄청난 부자야. 돈이 있으면 어디에서도 환영을 받지. 멍청한 에스파냐에서만 빼고는."

에르난데스가 킬킬거렸다. 유대인들이 엄청난 부자라는 사실은 거짓말이 아니었다. 말하는 것으로 보아 저들은 말라가 인근 해변에 숨겨 놓은 금괴를 싣고 멀리 떠날 모양이었다.

"우리를 어쩔 셈이냐?"

사르미엔토가 묻자 붙잡혀 있는 선원들이 불안한 눈길로 에르난데스를 쳐다보았다.

"그대로 물속에 처넣으면 간단할 텐데 자비로운 유대인 나리께서 살려 주라고 하시는군. 조금 있다가 보트를 내줄 테니 재주껏 살아 봐!"

에르난데스가 키득키득 웃으며 자리를 떠났다.

"죽일 놈들! 콜럼버스 제독께서 곧 추격에 나설 것이다."

사르미엔토가 이를 갈았다. 하지만 콜럼버스 제독은 지금 고메라 섬에 있고, 핀타호의 반란을 알게 되더라도 항해를 포기하고 추격에 나서기는 쉽지 않을 것이다. 그걸 알고 있기에 붙잡힌 선원들의 표정은 모두 어두웠다.

핀타호는 하얗게 물살을 가르며 속도를 높였다. 로이는 잔뜩 부푼 돛을 보는 순간 자신이 키와 선체를 연결하는 연결쇠를 빼놓았다는 사실이 떠올랐다. 키가 빠지면 핀타호는 어떻게 될까?

이 사실을 사르미엔토에게 얘기해야 하나? 짧은 순간에 여러 가지 생각이 복잡하게 머릿속을 스치고 지나갔다.

"전부 일어서!"

로이가 생각을 정리하기도 전에 에르난데스가 다시 나타났다. 칼을 든 선원들이 뒤를 따르고 있었다.

"약속대로 목숨은 살려 주겠다. 하지만 쓸데없는 짓을 하면 용서하지 않을 테니 조심해."

에르난데스가 눈짓을 하자 오반도가 앞으로 나서며 묶여 있던 선원들을 풀어 주었다.

"잠깐!"

에르난데스가 풀이 죽은 채 작은 배로 향하던 로이를 불러 세웠다.

"꼬마야, 너는 우리랑 같이 가자. 그래도 그동안 여관에서 지내면서 정이 들었는데……. 네가 잘못되면 네 엄마가 얼마나 슬퍼하겠니?"

에르난데스의 말에 오반도와 디에고가 재미있다는 듯이 쿡쿡 웃었다.

"우리는 숙박비나 떼어먹는 뻔뻔한 사람이 아냐. 말라가에 도착하면 밀린 숙박비를 갚아 주마."

오반도가 키득거리며 로이를 풀어 주었다. 로이는 저들을 따라가느니 위험하기는 해도 사르미엔토와 함께 있고 싶었다. 하지만 그것도 마음대로 되지 않았다. 에르난데스는 자신을 끝까지 데리고 다니면서 노예처럼 부려 먹을 속셈 같았다.

에르난데스가 잠시 한눈을 파는 사이에 로이가 서둘러 사르미엔토에게 말했다.

"항해사님, 제가 핀타호의 키를 고정시키는 연결쇠를 뽑아 버렸어요."

"뭐야?"

사르미엔토가 깜짝 놀라며 로이를 쳐다보았다.

"빨리 타!"

에르난데스가 소리쳤다. 사르미엔토와 그를 따르는 일곱 명의 선원들은 쫓기듯 작은 배로 옮겨 탔다. 일행이 배에 옮겨 타자마자 줄이 풀리면서 배는 핀타호에서 떨어져 나갔다.

"죽을 힘을 다해서 노를 저으면 그란카나리아 섬으로 돌아갈 수 있겠지. 아니면 아예 제독을 찾아서 고메라 섬으로 가든가."

에르난데스가 키득거리며 칼로 줄을 내리쳤다. 줄이 끊기면서 작은 배는 심하게 흔들렸고, 핀타호는 하얀 물거품을 남기면서 멀어져 갔다.

"큰일이군. 당장은 파도가 잔잔해서 다행이지만, 빨리 육지를 찾지 못하면 죽고 말 거야."

사르미엔토가 밤하늘을 올려다보며 방향을 가늠했다. 선원들은 그란카나리아 섬으로 돌아가자는 쪽과 고메라 섬을 찾아가자는 쪽으로 의견이 나뉘었다. 사르미엔토는 생각에 잠겼다. 짐작컨대 이곳은 그란카나리아 섬과 테네리페 섬 중간 같았다. 그렇다면 고메라 섬까지는 너무 멀다. 그리고 그란카나리아 섬으로 돌아가면 제독에게 연락하기가 쉽지 않을 것이다. 한 푼 가진 것 없는 처지여서 섬 사람들의 도움을 바라기도 힘든 상황이었다. 아무튼 빨리 결정을 내려야 했다. 우물쭈물하다가 선원들 사이에서 불화라도 생긴다면 그때는 정말 끝이었다.

연결쇠를 뽑아 버렸다면 핀타호는 멀리 가지 못할 것이다. 키가 고장난 상태로 바다로 나선다는 것은 자살 행위나 마찬가지다.

"테네리페 섬으로 간다! 가서 빼앗긴 핀타호를 되찾자!"

사르미엔토가 소리쳤다. 사르미엔토의 명령이 떨어지자 선원들은 일제히 노를 집어들고 힘차게 젓기 시작했다.

사르미엔토 일행은 해가 수평선 위로 솟아오를 무렵, 갖은 고생 끝에 테네리페 섬에 도착했다. 밤새 노를 저었던 일곱 명의 선원들은 기운을 잃고 기슭에 발을 내딛자마자 그대로 쓰러져 버렸다. 교대로 틈틈이 노를 저었던 사르미엔토에게도 엄청난 피로가 몰려왔지만, 이대로 주저앉을 수는 없었다. 사르미엔토는 섬 한가운데 우뚝 솟은 산에 눈길을 주면서 솜처럼 무거운 몸을 일으켰다.

"빨리 핀타호를 찾아야겠군. 저들이 내 예상대로 테네리페 섬으로 왔어야 하는데…….”

사르미엔토가 헉헉대며 숨을 몰아쉬는 선원들을 재촉했다. 힘든 사정을 봐 주기에는 너무 여유가 없었다.

테네리페 섬은 작은 섬이 아니다. 행여 핀타호가 테네리페 섬에 있다고 해도 멀리 떨어진 곳에 세워 두었다면 찾기 쉽지 않을 것이다. 사르미엔토는 제발 근처 해안에서 핀타호가 발견되기를 바라면서 높은 곳을 찾아서 걸음을 옮겼다.

테네리페 섬은 같은 카나리아 제도에 속해 있으면서도 그란카나리아 섬과는 또 달랐다. 그란카나리아 섬과 고메라 섬은 에스파냐에서 많은 사람들이 옮겨 와서 살고 있는 반면에, 테네리페 섬은 아직까지 사람들의 손길이 닿지 않아 처음 보는 야생화와 나무들이 수두룩하고, 어딘지 모르게 이국적인 분위기가 강하게 풍겼다.

사르미엔토 일행은 제법 높은 곳까지 올라왔다. 기암절벽 아래로 파란 해변이 내려다보였고, 그 너머로 수평선이 끝없이 뻗어 있었다.

“저기!”

앞서 가던 선원이 저 아래 해변을 가리키며 소리쳤다. 핀타호가 검은 모래 해변에 정박해 있었다.

“과연……. 어렵지 않게 핀타호를 찾았으니 불행 중 다행인 셈이로군.”

사르미엔토는 흥분이 되었다. 핀타호를 쉽게 찾긴 했지만 시간이 그리 많지 않았다. 항해 중에는 배를 수리할 수 없지만, 일단 정박을 했으니 수리하는 것은 시간 문제였다.

게다가 상대는 수도 많고 무기를 지니고 있었다. 반면에 자신들은 단지 여덟 명 뿐인 데다가, 짧은 칼 한 자루 없었다. 어떻게 한다? 여기까지는 일이 잘 풀렸지만, 이제부터는 막막할 따름이었다.

"빨리 콜럼버스 제독에게 알려야 하지 않을까요?"

한 선원이 사르미엔토를 재촉했지만 별 소용이 없는 말이었다. 이미 지칠 대로 지친 선원들에게 다시 노를 젓게 할 수는 없었다. 무리를 했다가는 바다 한가운데서 힘을 못 쓰고 그대로 정처 없이 떠나니는 신세가 될지도 모른다. 돛이 없는 작은 배로 바다를 가로지른다는 것 자체가 무리였다.

"도움을 청할 사람을 찾아보는 게 어떻겠습니까?"

누군가 조심스레 의견을 내놓았다. 나름대로 가능성이 있는 의견이었지만 그것도 그리 간단한 일이 아니었다. 테네리페 섬은 워낙 넓은 데에다 에스파냐 사람들이 거의 살고 있지 않았다. 그렇다고 마냥 두 손을 놓고 있을 수도 없는 노릇이었다.

그렇다면 결국 여기 여덟 사람의 힘으로 핀타호를 되찾아야 한단 말인가. 사르미엔토는 난감한 마음을 억누르며, 일단 저들을 지켜보기로 했다.

맨 먼저 야민이 모습을 드러냈다. 이어서 프란체스코 핀손 일등 항해사와 라스콘과 퀸테로가 뒤를 따라 핀타호에서 내렸다. 그들을 보면서 사르미엔토는 분노가 치밀었다.

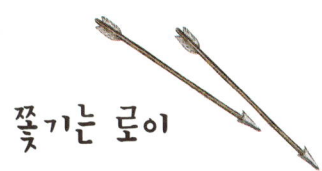

쫓기는 로이

"키가 왜 빠졌단 말인가? 그란카나리아 섬에서 단단히 수리를 했는데."

야민이 잔뜩 화가 나서 프란체스코 핀손 일등 항해사를 꾸짖었다.

"버팀목이 헐거워지면서 키가 떨어져 나갔습니다. 잠시 감독을 소홀히 하는 틈에 수리공들이 게으름을 피운 것 같습니다."

프란체스코 핀손 일등 항해사가 기어 들어가는 목소리로 대답했다.

"방심했군. 철저하게 감독했어야 했는데……. 그래, 수리하는 데 얼마나 걸릴 것 같나?"

"다행히 키가 완전히 떨어져 나간 게 아니라서 오래 걸리지 않을 겁니다. 하루나 이틀쯤 걸릴 것 같습니다."

"시간이 없어. 행여 우리가 핀타호를 빼앗았다는 소식이 콜럼버스 제독의 귀에 들어가기라도 하면 큰일이야. 되도록이면 빨리 여기를 빠져나가야 해. 서둘러."

핀타호의 선장 행세를 하고 있는 야민이 주위에 모여든 선원들을 재촉했다. 선원들은 볼멘 표정으로 연장을 챙겨 들었다.

"참으로 조용하고 아름다운 섬이로군요."

구리온이 테네리페 섬을 둘러보며 야민에게 다가왔다.

"카나리아 제도에서 제일 넓은 섬인데, 에스파냐 사람들은 거의 살지 않는다고 하더군."

"알고 있습니다. 그란카나리아 섬에서 기다리고 있는 동안 그곳 사람들로부터 테네리페 섬에 대해서 들었습니다. 그러면서 혹시 에스파냐 왕실에서 테네리페 섬을 우리에게 팔겠다고 하면 얼마나 좋을까 하는 생각도 해 봤습니다. 돈이야 얼마든지 있으니까요."

야민이 피식 웃으며 구리온을 쳐다보았다. 구리온 말대로 에스파냐 왕실에서 이 테네리페 섬을 팔겠다면 사고 싶은 마음이 굴뚝같았지만 그럴 가능성은 거의 없었다.

"혹시 이런 생각은 해 보지 않았습니까?"

도구를 챙겨 들고 배에서 내리고 있는 선원들을 바라보던 야민이 무슨 얘기냐는 듯 구리온을 쳐다보았다.

"누가 일부러 키를 고장 냈을지도 모른다는 생각 말입니다."

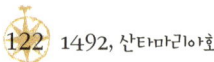

"무슨 소리야? 선장과 배의 주인 모두 우리 편이다. 그들이 키의 구조를 모를 리 없다."

"하지만 그란카나리아 섬에서 수리하면서 키를 통째로 갈지 않았습니까? 선체에 고정시키는 구조를 바꿨을 수도 있지요."

"그렇다면……."

"핀타호에서 쫓겨난 자들 중에서 우리 발을 묶을 생각으로 은밀하게 키를 망가뜨린 자가 있을 수도 있다는 말입니다."

야민이 뜻밖이라는 표정으로 구리온을 쳐다보았다. 자신들이 써먹었던 것과 똑같은 수법으로 당했다는 말이었다. 구리온의 말에는 일리가 있었다. 키를 수리하는 과정에서 핀타호의 키는 선장과 배 주인도 모르는 연결 구조를 갖게 되었을 수도 있었다.

"그자들은 지금 어떻게 되었을까요?"

야민의 반응을 기다리고 있던 구리온이 프란체스코 핀손 일등 항해사가 다가오자 불쑥 질문을 던졌다.

"그야 그란카나리아 섬으로 돌아가지 않았겠습니까? 작은 배지만 파도가 잔잔해서 뒤집히지는 않았을 겁니다."

프란체스코 핀손이 당황해서 얼떨결에 대답했다. 야민은 갑자기 그걸 묻는 구리온의 속마음이 궁금했다.

"그자들이 핀타호가 고장 날 거란 사실을 알았다면 어쩌면 우리가 테네리페 섬에 머물지도 모른다고 짐작했을 겁니다."

"그럼……."

야민의 눈에 의혹의 빛이 떠올랐다.

"고개를 돌리지 마십시오. 어쩌면 지금 우리를 지켜보고 있을지도 모르니까요."

야민이 산기슭으로 고개를 돌리려는 것을 구리온이 막았다.

선원들을 도와서 연장을 나르고 있던 로이는 야민과 구리온의 대화를 엿듣는 순간 가슴이 철렁했다. 저렇게 눈치가 빠른 자가 있었단 말인가. 아마도 사르미엔토는 밤에 몰래 습격을 생각하고 있을 것이다.

나중에 배에 탄 유대인 스무 명은 돈은 많을지 몰라도 싸움이라고는 모르는 자들이다. 그리고 대부분 부녀자와 아이들이다. 선원들 중에서 에르난데스와 오반도, 디에고를 제외하면 나머지 선원들은 싸움이 벌어지면 악착같이 싸울 자들이 아니다. 그렇다면 구리온을 비롯해서 일곱여덟 명 정도만 제압하면 된다. 충분히 가능성이 있는 싸움이다.

하지만 그것은 어디까지나 저들이 몰랐을 때 얘기다. 습격을 눈치 채고 있다면 오히려 함정에 뛰어드는 것이다. 한 가닥 희망도 사라지는 것일까. 로이는 앞이 캄캄했다.

"이 녀석아, 뭘 하는 거야? 빨리 망치를 가져오지 않고!"

오반도가 인상을 쓰며 소리쳤다. 로이는 정신이 퍼뜩 들었다.

⚜

　고메라 섬에 들른 콜럼버스는 산타마리아호와 니냐호가 산 세바스찬 항구에서 물자를 보급받는 동안 아순시온 성당에 머물기로 했다. 고메라 섬은 카나리아 제도 중에서 작은 편에 속하지만 일찍부터 에스파냐 사람들이 살고 있었고, 카나리아 제도의 영주가 콜럼버스를 적극 후원하고 있어서 지내는 데 별 어려움이 없었다.

　콜럼버스는 아순시온 성당의 뜰로 나섰다.

　"걱정이 있어 보입니다."

　어느 틈에 알 하티브가 옆에 다가와 있었다.

　"핀타호가 마음에 걸려."

　"저도 신경이 쓰입니다만 별일 없을 겁니다. 마르틴 핀손 선장이 선원들을 장악하고 있는 데에다 선단에서 벗어나 봐야 갈 곳이 없다는 사실을 선원들도 잘 알고 있을 테니까요."

　"하긴……. 페라사 영주와 고메라 백작을 만나러 가네. 보급품에 관해서 상의할 게 있거든."

　"제가 따를까요?"

　선단의 수석 항해사는 항해의 성패를 가름하는 중요한 자리인 동시에 제독을 가장 가까운 곳에서 보좌하는 자리이기도 하다. 제독의 공식 일정에 따르는 것은 당연한 일이었다.

"아니, 코사 선장을 데리고 가겠네. 항해에 관련된 일도 아니니까."

알 하티브는 유능한 항해사지만 크리스트교로 개종을 거부한 무어 인을 영주와 백작이 어떻게 생각할지 콜럼버스는 마음이 쓰였다.

"알겠습니다. 그럼 다녀오십시오."

알 하티브는 콜럼버스 제독의 마음을 헤아렸다. 그렇지 않아도 이사벨라에게 들러볼 참이었다. 알 하티브는 성당에 딸린 수녀원으로 걸음을 옮겼다.

이사벨라는 사람들의 눈을 피해 아순시온 성당의 수녀원에게 지내고 있었다.

수녀원에 이르자 알 하티브는 주위를 한 번 살피고 가만히 문을 두드렸다. 수녀원이라고 해 봐야 성당 한쪽에 따로 있는 작은 집에 불과했지만, 남자가 그것도 이교도가 수녀원에 가까이 다가왔다는 사실만으로도 가슴이 떨렸다.

작은 문이 빠끔히 열리고 원장 수녀가 밖을 살피더니 안으로 들어오라고 손짓했다.

"알 하티브!"

문이 열리면서 이사벨라가 달려 나왔다.

"잘 지냈소?"

두 사람의 얼굴에 그리움이 가득했다. 그란카나리아 섬에서 잠깐 만났지만 팔로스를 떠난 후로 마음 편하게 만난 것은 지금이 처음이었다. 수녀원 뒷뜰이라면 남의 눈에 띄지 않을 것이다. 알 하티브는 이사벨라의 손을 잡고 열대 식물이 가득한 뒷뜰로 향했다.

"참으로 아름다운 섬이에요. 동양도 이렇게 아름다운 곳이었으면 좋겠어요."

이사벨라는 이름 모를 열대 꽃들과 자유롭게 날아다니는 새들, 강렬한 태양과 작지만 깨끗한 하얀 집들을 보며 오랜만에 자연의 아름다움에 흠뻑 빠졌다.

동양도 여기처럼 아름다운 곳일까? 지금으로서는 알 길이 없다. 알 하티브는 그저 이사벨라의 바람대로 그랬으면 하는 마음이었지만, 당장은 무사히 동양에 닿을 수 있을지 그것부터 걱정이었다.

알 하티브는 콜럼버스 제독이 항해 일정을 지나치게 긍정적으로 계획한 사실을 잘 알고 있었다. 아마도 콜럼버스 제독 자신도 에스파냐 왕실에 항해 일정을 보고할 때 많은 부분은 부풀렸다는 사실을 인정할지 모른다. 선단의 수석 항해사로 늘 콜럼버스와 항해 일정을 검토하고 있는 알 하티브는 진작부터 그 사실을 알고 있었다.

"틀림없이 동양도 여기처럼 아름다운 곳일 거야. 콜럼버스 제독은 동양에는 금과 향신료가 여기저기에 널려 있다고 했지만,

나는 금이나 향신료 따위는 필요 없어. 언제까지나 이사벨라와 둘이서 지낼 수만 있다면 그 이상 바라는 것이 없으니까."

"고마워요, 알 하티브. 주방에서 일하면서 선원들이 말하는 걸 들었어요. 바다 끝은 낭떠러지라는 사람도 있었고, 펄펄 끓는 지옥이라는 사람도 있었어요. 하지만 나는 믿어요. 당신이 항해를 맡은 이상 우리는 꼭 동양에 도착할 수 있을 거예요."

비록 지금의 처지는 힘들지만 둘만의 보금자리를 찾아간다는 희망이 있기에 이사벨라는 두려움이 없었다.

"그래, 무슨 일이 있어도 이번 항해를 성공으로 이끌 거야."

고메라 섬을 떠나면 이제부터는 그 누구도 가 본 적이 없는 미지의 세계가 펼쳐질 것이다. 그리고 현재의 위치를 알 수 없게 된다. 바다에서 자신의 위치를 모른다는 것은 삶과 죽음을 오로지 하늘의 뜻에 맡긴다는 말이었다.

'하지만 내게는 마문의 시계가 있어. 마문의 시계라면 경도를 알아낼 수 있을 거야.'

알 하티브는 그렇게 스스로를 위로했다.

마침내 밤이 되었다. 하루 종일 수리에 매달렸던 선원들은 자리에 눕기가 무섭게 코를 골며 곯아떨어졌다. 문제가 생긴 부분을 빨리 찾아냈고, 또 예비 연결쇠가 있었기에 수리는 예상보다 일찍 끝났다. 내일 날이 밝는 대로 핀타호는 다시 바다로 나갈 것이다.

로이는 잠을 이룰 수 없었다. 사르미엔토 이등 항해사는 테네리페 섬에 왔을까? 그리고 핀타호를 습격할까?

로이는 한숨을 내쉬었다. 야민 일당은 이미 사르미엔토 이등 항해사 일행의 습격에 대비해서 함정을 파 놓고 기다리고 있었다.

생각이 거기에 미치자 로이는 도저히 그냥 누워 있을 수가 없었다. 로이는 주위를 살피고서 살며시 몸을 일으켰다. 선원들 모두 갑판 여기저기에 누워 코를 골기에 바쁠 뿐, 로이에게 신경을 쓰는 사람은 없었다. 로이는 발자국 소리를 죽이며 갑판을 빠져나왔다. 어떻게 해서든 사르미엔토를 찾아서 이 사실을 알려야 했다.

"이봐! 너 어디 가는 거야?"

누가 뒤에서 로이를 불렀다. 로이는 가슴이 철렁 내려앉았다. 태연한 척 고개를 돌리자 디에고가 눈을 부릅뜨고 쳐다보고 있었다.

"속이 좋지 않아서……. 잠시 바람을 쐬려고요."

"잔소리하지 말고 들어가 있어. 괜히 쓸데없이 나돌아 다니다가 야민 님의 눈에 띄면 크게 혼날 테니."

핀잔을 주는 디에고의 손에 화살이 들려 있었다. 숨어 있다가 덮칠 모양이었다. 로이는 속이 타들어 갔지만, 디에고의 눈에 띈 이상 자리로 돌아갈 수밖에 없었다. 제발 최악의 사태가 발생하지 말았으면……. 로이는 기도하는 심정으로 갑판으로 돌아갔다.

그러나 로이의 바람과는 달리 결국 최악의 사태가 발생하고 말았다. 로이가 갑판으로 돌아가서 억지로 잠을 청하고 있는데, 갑자기 총 소리가 요란하게 울려퍼지면서 횃불이 해변을 환하게 비추었다. 로이는 순간적으로 몸을 일으켰다. 그리고 뱃머리로 달려갔다.

횃불이 너울거렸다. 그리고 횃불 아래 에르난데스와 오반도를 비롯한 핀타호의 선원들이 총과 활로 무장한 채 핀타호로 잠입하려던 사르미엔토 일행을 에워싸고 있었다. 완벽하게 함정에 빠진 것이다.

"또 만났군. 우리를 기습할 셈이었나?"

구리온이 비웃음을 날리며 다가섰다.

"그때 그냥 바다 속에 처넣었으면 이런 수고는 하지 않아도 됐을 텐데……."

에르난데스가 야민을 쳐다보며 불평을 늘어놓았다. 사르미엔토는 절망에 빠진 얼굴로 야민과 야민 뒤에서 사태를 지켜보고 있는 마르틴 핀손 선장을 번갈아 쳐다보았다.

"모조리 묶어. 바다로 나가는 대로 물속에 처넣겠다."

야민도 이번에는 절대로 살려 두지 않겠다는 뜻을 분명히 했다. 로이는 줄줄이 묶여서 핀타호로 오르는 선원들을 보면서 절망에 빠졌다. 이제 핀타호를 되찾을 방법은 없었다. 해가 뜨는 대로 핀타호는 테네리페 섬을 떠날 것이고, 콜럼버스 제독의 선단에서 영원히 벗어나게 될 것이다.

여덟 명의 포로들은 창고에 갇혔고, 상황은 간단하게 끝났다. 에르난데스를 비롯해 사르미엔토 일행을 사로잡은 선원들은 한껏 으스대며 포도주를 마셨고, 나머지 선원들은 다시 잠자리로 향했다. 그렇지 않아도 고단하던 차에 뜻하지 않았던 한바탕 소동까지 겪은 선원들은 곧 다시 코를 골며 깊은 잠에 빠져들었다.

로이는 모두들 깊은 잠에 빠져든 것을 확인하고는 조용히 몸을 일으켰다. 갑판에는 이번 일에 공이 컸던 에르난데스 일당이 둘러앉아서 큰 소리로 웃어 대며 술을 마시고 있었다.

로이는 다시 한 번 키 연결쇠를 뽑아 버리기로 결심하고 조심조심 배꼬리로 향했다. 사르미엔토 일행을 구출하는 것은 아무래도 불가능할 것 같았다. 틀림없이 창고 앞에 감시를 세워 놓았을 것이다. 일단 핀타호의 키를 다시 망가뜨려서 시간을 버는 게 좋을 것 같았다.

예상대로 선실에는 아무도 없었다. 선원들은 모두 갑판 위에 엎어져서 자고 있었고, 핀타호의 주인 행세를 하고 있는 유대인들은 안쪽에 딸린 방에서 무엇을 하고 있는지 쥐죽은 듯 조용했다. 주위가 깜깜했지만 로이는 어렵지 않게 연결쇠가 꽂아진 구멍을 찾을 수 있었다. 로이는 심호흡을 하고서 손을 구멍 속으로 밀어 넣었다.

연결쇠가 손에 잡혔다. 로이는 천천히 연결쇠를 돌렸다. 단단히 박아 놓았는지 연결쇠는 쉽게 움직이지 않았다. 로이는 있는 힘껏 연결쇠를 비틀었다. 그러자 마침내 연결쇠가 조금씩 돌아가기 시작했다. 일단 움직이기 시작하자 그 다음부터는 쉽게 풀렸다.

마침내 연결쇠가 다 풀렸다. 로이는 얼른 연결쇠를 뽑아 들었다. 예비 연결쇠마저 없애 버리면 핀타호는 한동안 꼼짝하지 못할 것이다.

로이가 쾌재를 부르며 몸을 돌리는 순간, 갑자기 주위가 환해졌다. 누가 횃불을 들고 나타난 것이다. 로이는 소스라치게 놀라서 뒷걸음질을 쳤다.

"약삭빠른 놈! 나는 진작부터 네놈을 의심하고 있었다. 그 구멍에 손을 넣을 수 있는 자는 네놈밖에 없거든."

횃불 뒤에서 음침한 목소리가 들려왔다. 목소리의 주인공은 구리온이었다. 구리온은 연결쇠가 안에서 풀렸다는 사실과 선원 중에 누군가 사르미엔토 이등 항해사와 한패인 자가 있다는 사실을 알아차리고 함정을 파 놓고 기회를 엿보고 있던 중이었다. 로이는 숨이 멎을 것만 같았다. 이제는 모든 게 끝장이었다.

내일 사르미엔토와 함께 바다 속으로 던져질 게 분명했다.

"손에 든 것을 이리 내!"

구리온이 호통치며 다가왔다. 횃불 때문에 눈이 부셔 자세히 볼 수는 없었지만, 보아하니 구리온 혼자인 것 같았다. 로이는 죽기를 각오하고 도망가기로 마음먹었다.

"어서!"

구리온이 손을 내밀었다. 막다른 골목이라 생각했기 때문일까. 구리온은 방심하고 있었다. 로이는 연결쇠를 건네주는 척하면서 손을 내밀었다. 그러다 구리온의 손을 잡아채어 그대로 내동댕이쳤다. 뜻밖의 기습을 당한 구리온은 바닥으로 나뒹굴었다. 그 틈에 로이는 사력을 다해서 갑판으로 도망쳤다.

"잡아라!"

구리온이 고함쳤다.

"뭐야?"

술을 마시고 있던 에르난데스가 구리온의 고함 소리를 듣고 로이의 앞을 가로막았다. 하지만 에르난데스는 아직 사태를 파악하지 못했다. 무슨 일이냐는 듯 숨을 몰아쉬는 로이를 이상하게 쳐다보았다.

"저 녀석을 잡아!"

그때 갑판으로 올라온 구리온이 소리쳤다. 그제야 에르난데스가 험하게 인상을 쓰면서 로이에게 다가왔다. 로이는 더 이상

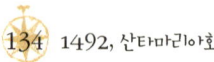

생각할 것이 없었다. 달아날 수 있는 곳은 오직 바다로 뛰어드는 것뿐이었다.

로이는 연결쇠를 얼른 입에 물고 그대로 바다로 뛰어들었다. 연결쇠가 저들의 손에 들어가면 안 된다는 생각 하나로 로이는 어두운 밤바다를 헤엄쳐 나갔다.

"잡아! 죽여도 좋아!"

구리온의 고함 소리에 이어 화살이 날아들었다. 로이는 죽을 힘을 다해 헤엄쳤다. 어둠 속에서 화살을 명중시키기는 어렵겠지만 에르난데스가 배를 타고 쫓아올지 모른다. 로이는 지금이 밤이라는 사실에 감사하면서 깊은 바다 쪽으로 헤엄쳐 갔다. 시야에서 벗어나면 추격이 어려울 것이고, 헤엄이라면 자신이 있었다.

한참이 지나서야 로이는 헤엄을 멈추고 주위를 살폈다. 쫓아오는 기색은 없었다. 육지로 돌아가도 괜찮을 것 같았다. 로이는 숨을 크게 몰아쉬고 맞은편 해안을 향해 천천히 헤엄쳤다.

로이는 해안에 도착하자마자 쓰러져 거칠게 숨을 몰아쉬었다. 길지 않은 시간 동안 그야말로 죽을 고비를 여러 차례 넘긴 것이다. 로이는 밤하늘에 반짝이는 별들을 바라보면서 이제부터 어떻게 할 것인지 생각해 보았다. 일단 핀타호의 발을 묶는 데에는 성공했다. 하지만 도와줄 사람은 아무도 없었고, 콜럼버스 제독에게 연락할 길도 막막했다.

저들은 어떻게 해서든 연결쇠를 찾아야 하기 때문에 날이 밝는 대로 추격대를 보낼 것이다. 테네리페 섬이 넓다고는 하지만 식량 한 톨, 마실 물 한 방울 없이 숨어 있을 수만은 없다.

'아무튼 빨리 여기를 벗어나야 할 텐데……'

그러나 마음과는 달리 로이는 한 발자국도 꼼짝할 수 없었다.

해가 수평선 위로 솟아오르면서 웅장한 산이 눈앞에 다가왔다. 산 중턱에는 알록달록한 꽃들이 활짝 피어 있었고 기슭에 이르는 벌판은 기암괴석으로 가득해서 묘한 대조를 이루고 있었다.

로이는 고개를 돌리고 해안가에 정박해 있는 핀타호를 살폈다. 추격대는 벌써 출발했는지 핀타호는 조용했다. 로이는 조바심이 일어서 무거운 발걸음을 재촉했다. 밤새 걸음을 옮겼지만, 아직 산 중턱에도 미치지 못했다. 어쨌거나 빨리 숲이 우거진 곳을 찾아야 몸을 안전하게 숨길 수 있다. 밤새 어두운 산길을 헤매고 다녔던 로이는 잠시 쉬어가기로 하고 바위 위에 걸터앉았다.

그때 갑자기 총성이 울리면서 탄환이 머리 위를 스치고 지나갔다. 로이가 깜짝 놀라서 뒤를 돌아보았다. 어느새 추격대가 쫓아오고 있었다. 로이는 가슴이 철렁 내려앉았다. 추격대는 로이가 도망치는 길을 예상하고서 어두운 밤을 헤치며 쫓아왔던 것이다.

"저기 있다. 잡아라!"

에르난데스가 악을 쓰는 게 들렸다.

"빨리 쫓아가면 잡을 수 있다. 어떻게 해서든 연결쇠를 빼앗아야 해."

로이는 연결쇠를 물속에 버리지 않은 것을 후회했다. 어떻게 해서든 핀타호를 되찾을 욕심으로 지니고 있었는데, 이렇게 빨리 뒤를 밟을 줄이야……. 하지만 이제 와서 후회한들 아무 소용이 없었다. 로이는 허리를 숙이고 달리기 시작했다. 머뭇거리다가는 탄환과 화살에 맞을 것이다.

로이가 산기슭에 접어들었을 즈음에 다시 총성이 울렸다. 달리는 사람을 명중시키는 것은 쉽지 않겠지만, 신경이 쓰여서 마음 놓고 달아날 수가 없었다. 로이가 고개를 숙이고 허우적거리는 사이에 추격대와의 거리는 많이 좁혀졌다.

추격대의 눈에 띈 이상 빠져나가기는 힘들 것이다. 하지만 이대로 순순히 잡힐 수는 없었다. 로이는 허겁지겁 수풀 속으로 내달렸다.

"잡아라!"

에르난데스의 목소리가 점점 가까워졌다. 로이는 숨이 턱밑까지 차올랐다. 게다가 앞은 계속해서 오르막이었다. 로이는 절망에 휩싸인 채 그대로 주저앉고 말았다. 이것으로 끝인가. 순간 팔로스에서 자신이 돌아올 날만을 기다리고 있을 엄마의 얼굴이 떠올랐다.

"맹랑한 놈!"

에르난데스가 숨을 몰아쉬며 다가왔다. 뒤이어 오반도와 디에고 그리고 구리온이 숨을 헐떡이며 달려왔다. 구리온은 로이의 손에 들린 연결쇠에 시선을 던지고는 안도의 숨을 내쉬었다.

"괘씸한 놈! 옛정을 생각해서 살려 주려고 했더니……."

에르난데스가 잡아먹을 듯한 표정으로 로이에게 다가왔다. 이제 벗어날 길은 없었다. 로이는 절망감에 휩싸인 채 몸을 일으켰다.

쿠쿵!

그때 갑자기 땅이 흔들리면서 사람들이 휘청거렸다.

"뭐야?"

구리온이 놀라서 주위를 두리번거렸다.

"지진?"

에르난데스도 눈이 휘둥그레졌다.

"빨리 여기를 떠야겠군. 이 산은 화산이라고 하던데 괜히 우물쭈물하다가는 큰일나겠어."

구리온이 서둘러 일을 마무리지으려는 순간, 조금 전보다 훨씬 더 강한 지진이 일어났다. 그 바람에 모두들 비명을 지르며 쓰러졌다.

기회는 이때였다. 로이는 잽싸게 몸을 일으켜 산기슭으로 내달렸다. 잠시 숨을 돌린 터라 몸이 한결 가벼웠다.

"이 녀석!"

에르난데스가 호통을 쳤다. 하지만 화산이 폭발할지 모른다는 두려움 때문인지 에르난데스를 비롯한 오반도와 디에고는 구리온의 눈치만 볼 뿐 로이를 뒤쫓지 않았다.

"뭣들 하는 거야? 꾸물대다가는 에스파냐 해군에게 체포될 거야. 빨리 쫓아가서 잡아!"

구리온이 호통을 치자 그제야 에르난데스와 오반도, 디에고가 로이를 쫓기 시작했다.

로이는 죽을 힘을 다해 달렸다. 이번에 잡히면 두 번 다시 기회는 없을 것이다. 로이는 당장이라도 뒷덜미가 낚일 것 같은 공포감을 느끼며, 뒤도 돌아보지 않고 내달렸다.

그러나 로이 앞에 나타난 것은 끝도 보이지 않는 까마득한 폭포였다.

"당장 폭포 아래로 처넣을 테다."

에르난데스가 화를 내며 다가왔다. 로이는 뒷걸음질을 쳤다. 그러나 더 물러설 데는 없었다.

"연결쇠를 이리 내거라. 목숨을 살려 줄 테니."

어느 틈에 따라왔는지 구리온이 날카롭게 쏘아보고 있었다. 로이는 얼어붙은 듯 꼼짝할 수 없었다. 한 발자국이라도 잘못 움직였다가는 그대로 폭포 아래로 떨어질 판이었다.

"자!"

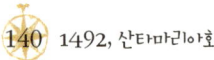

구리온이 팔을 쭉 뻗었다. 로이가 허탈한 표정으로 하늘을 쳐다보았다. 핀타호가 선단에서 벗어나면 틀림없이 산타마리아호와 니나호의 선원들이 크게 동요할 것이고, 그렇게 되면 콜럼버스 제독의 항해는 실패로 돌아갈 것이다.

'어떤 일이 있어도 핀타호의 반란을 막아야 한다.'

로이는 마음을 다잡았다. 연결쇠를 건네려던 로이의 표정이 바뀌자 구리온이 눈치를 채고 얼른 에르난데스를 불렀다. 에르난데스가 혀를 차더니 오반도에게 자신의 허리를 잡게 했다. 그리고 또다시 디에고가 오반도의 허리를 잡았다.

에르난데스가 점점 다가왔다. 로이는 연결쇠를 폭포 아래로 집어던지는 시늉을 했다.

"쓸데없는 짓 마라! 그래 봤자 우리가 내려가서 찾을 거야. 꼬마야, 엄마가 보고 싶지 않니? 자, 그 연결쇠를 이리 다오."

에르난데스가 능글맞게 웃으며 다가왔다.

막다른 골목에 다다른 로이의 선택은 한 가지뿐이었다.

"앗!"

로이는 눈을 꼭 감고 폭포 아래로 뛰어내렸다. 물이라면 땅만큼 익숙했고 수영과 다이빙에 능숙한 로이였지만, 폭포에서 뛰어내린 충격을 감당하기는 힘들었다. 로이는 마치 땅속으로 빨려 들어가는 느낌이었다.

로이는 물속으로 들어가는 것과 동시에 정신이 아득해졌다.

"쫓아가서 잡아라! 멀리 가지 못했을 거다!"

구리온이 악을 썼다.

이 높이에서 뛰어내렸다면 다행히 목숨은 건진다고 해도 충격으로 정신을 잃었을 것이다. 에르난데스는 혀를 차며 오반도와 디에고에게 손짓했다.

"서둘러! 물살에 떠밀려 가면 귀찮아지니까."

구리온이 투덜대며 폭포를 내려가는 세 사람을 재촉했다.

폭포는 이러한 소란에도 아랑곳하지 않고 여전히 세찬 물줄기를 떨어뜨리며 하얀 물보라만 일으킬 뿐이었다.

핀타호를 되찾다

아순시온 성당의 주임 신부 방에는 콜럼버스 제독을 비롯한 선단의 지휘부와 카나리아의 영주 이네스 페라사, 고메라 섬의 백작 길란 페라사가 모여 회의를 하고 있었다.

"물자는 모두 실었습니다."

코사 선장이 카나리아 영주에게 목례를 보내며 콜럼버스에게 보고했다. 이로써 선단이 대서양을 횡단하는 데 필요한 물자를 전부 실었다. 핀타호가 그란카나리아 섬에 뒤쳐졌다는 사실만 빼면 항해 일정은 그런대로 순조로웠다.

"핀타호가 도착할 때가 되지 않았나요?"

이네스 페라사가 콜럼버스를 보며 걱정스럽다는 표정을 지어 보였다. 이네스 페라사는 아버지인 페르난 페라사로부터 본토에서 한참 떨어진 바다 한복판의 카나리아 제도를 물려받아 40년째 통치하고 있는 여자였다. 이런 든든한 후원자가 있다는 사실은 콜럼버스에게 큰 행운이었다.

"예정보다 늦어지고 있지만…… 별 문제 없을 겁니다."

말은 그렇게 하면서도 콜럼버스도 핀타호가 걱정이 되었다. 벌써 도착하고도 남을 시간인데, 여태 아무런 소식이 없었다.

"혹시 무슨 일이 생긴 것은 아닐까요?"

니나호의 선장 비센테 핀손이 눈치를 살피며 입을 열었다. 형을 걱정하는 동시에 혹시 형이 무슨 일을 꾸미는 것은 아닌지 불안에 싸인 묘한 표정이었다.

사람들의 시선이 일제히 콜럼버스에게 쏠렸다. 핀타호의 키 고장이 단순 사고가 아닐지 모른다는 의혹이 이미 불거진 터였다.

"조금 더 기다려 보는 게 좋겠습니다."

알 하티브가 낮은 음성으로, 그러나 또렷하게 자신의 의견을 말하자 사람들이 일제히 알 하티브를 주목했다. 콜럼버스 제독이 직접 뽑은 데에다가 각별히 신임을 하고 있었기에 대놓고 이의를 제기하는 사람은 없었지만, 개종을 거부한 무어 인이 선단의 수석 항해사를 맡고 있는 데 대해 불만과 불신이 없을 수 없었다.

"수석 항해사의 말대로 기다려 보는 게 좋겠소."

사람들이 다른 의견을 말하기 전에 콜럼버스가 서둘러 결론을 내렸다. 이제 와서 다시 배를 돌려서 그란카나리아 섬으로 가

는 것은, 그렇지 않아도 뒤숭숭한 선원들의 사기를 크게 떨어뜨릴 것이다. 이번 항해에서의 모든 권한은 콜럼버스에게 있었다. 콜럼버스의 결정으로 논의는 끝이 났다.

"갑자기 핀타호의 키가 고장나는 바람에 잠시 차질을 빚고 있지만 전체 항해 일정에는 별 영향이 없으므로 그동안 선원들을 쉬게 하는 것도 나쁘지 않을 겁니다."

콜럼버스가 이네스 페라사를 쳐다보며 동의를 구했다. 항해에 관해서는 에스파냐 국왕으로부터 모든 권한을 위임받았지만, 카나리아 제도에 머무는 동안은 영주의 통제를 받아야 했다. 영주가 알았다는 듯 고개를 끄덕였다.

"무슨 일이 생긴 게 아닐까? 그란카나리아 섬으로 달려가 보고 싶은 생각이 드는군."

아순시온 성당을 나서며 콜럼버스가 뒤따르는 사람이 알 하티브 혼자라는 것을 확인하고는 중얼거리듯 입을 열었다.

"솔직히 조금 걱정이 됩니다."

알 하티브와 콜럼버스는 선상 반란을 입에 담지는 않았지만, 마음속에서 떨쳐버리지 못하고 있었다. 항해 중에 선원들이 겁을 먹고 일부러 배를 고장 내는 일은 종종 있었다. 콜럼버스는 제발 아무 일이 없기를 간절히 바랐다.

"사르미엔토 이등 항해사가 있지 않습니까. 그는 충직한 사람입니다."

알 하티브는 왠지 의심스러운 마르틴 핀손 선장에 대한 얘기는 꺼내지 않았다.

"그렇군. 그는 믿을 수 있는 사람이야."

콜럼버스의 목소리가 조금 떨렸다. 알 하티브는 콜럼버스가 많이 긴장하고 있다는 것을 느낄 수 있었다.

로이는 주위를 둘러보았다. 어디인지는 몰라도 나무와 풀로 엮은 작은 방에 자신이 누워 있었다. 몸을 일으키려 했지만 온몸이 쑤셨다.

"그대로 누워 있어."

뒤에서 목소리가 들렸다. 얼른 돌아보니 원주민으로 보이는 소년이 무표정한 얼굴로 쳐다보고 있었다.

"여기가 어디지? 왜 내가 여기에……."

폭포 아래로 뛰어내렸던 것까지는 기억이 났다. 그 충격으로 잠시 정신을 잃었던 모양이다.

"내 이름은 오로바타야. 폭포에서 뛰어내려 쓰러진 것을 여기로 데리고 왔지. 네가 쫓기는 것을 처음부터 지켜보고 있었어."

"깨어났느냐?"

나이가 지긋한 원주민이 방으로 들어오더니 로이를 살펴보았다.

"대단한 아이구나. 거기서 뛰어내릴 생각을 하다니. 다행히 크게 다친 데는 없는 것 같다."

"타나메 아저씨, 그자들이 쫓아올 텐데 여기 있어도 괜찮을까요?"

"샅샅이 뒤지고 있다. 빨리 숲 속으로 옮겨야 한다."

"그럼 그자들이 벌써 폭포 아래로……."

로이는 덜컥 겁이 났다. 저들은 절대로 연결쇠를 포기하지 않을 것이다. 로이는 당장이라도 구리온 일당이 들이닥칠 것만 같아 두려웠다.

"서둘러야 한다. 일어설 수 있겠지?"

"그자들은 선상 반란을 일으킨 자들이에요. 빨리 이 사실을 콜럼버스 제독에게 알려야 해요."

다급해진 로이가 타나메에게 간절히 말했다.

"콜럼버스 제독? 자세히는 몰라도 에스파냐의 고위 관리 같구나. 우리 부족은 에스파냐를 싫어하지."

타나메가 감정을 드러내지 않으며 대답했다.

"에스파냐 사람들은 우리 섬에 쳐들어와서 우리를 이곳에서 내쫓았지. 여기 테네리페 섬은 그란카나리아 섬이나 고메라 섬과는 달리 에스파냐 사람들이 별로 살고 있지 않지만 머지 않아 여기도……."

"타나메 아저씨, 지금 그런 얘기할 때가 아니잖아요. 그자들

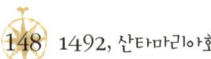

이 곧 들이닥칠 거예요."

오로바타가 타나메의 말을 끊었다.

"그래, 일단 여기를 피하자."

로이가 몸을 일으키려 했지만, 마음먹은 대로 따라 주지 않았다. 오로바타가 얼른 로이를 부축했다.

"조금만 가면 몸을 숨길 수 있는 곳이 있어."

로이는 오로바타에게 고마움의 눈길을 보내고 절뚝거리며 두 사람의 뒤를 따랐다.

숲으로 들어서자 조금 마음이 놓였지만 아직 안심할 수 없었다. 로이는 혹시 누군가 쫓아오지는 않나 뒤를 돌아보며 부지런히 걸었다.

그때 그다지 멀지 않은 곳에서 휘파람 소리가 잇따라 들렸다. 휘파람 소리는 마치 노랫가락과도 같이 높고 낮으며 길고 짧게 이어졌다. 로이가 의아한 얼굴로 쳐다보자 오로바타가 고개를 돌리며 설명해 주었다.

"씰보 소리야. 우리 부족은 저 씰보 소리로 의사를 전달해. 눈에 쉽게 띄지 않지만 숲 곳곳에 우리 부족이 몸을 숨기고 추격자들을 감시하고 있어. 지금 저 소리는 그들이 추격을 멈추고, 지형을 살피고 있다는 뜻이야."

"쉬었다 가기로 하자. 일단 숲으로 들어선 이상 우리를 쉽게 찾지는 못할 게다."

타나메가 걸음을 멈추었다. 그리고 엄숙한 표정으로 로이에게 말했다.

"죽게 내버려 둘 수 없기에 일단 데려오기는 했지만, 공연히 에스파냐 사람들 싸움에 끼어들 필요는 없지. 이제 자세한 얘기를 들어 보기로 하자."

✤

"바보 같은 놈들!"
야민이 소리를 버럭 질렀다.
"그래 그깐 꼬마 녀석 하나 잡지 못했단 말이냐!"
"죄송합니다. 갑자기 땅이 흔들리는 바람에……. 그리고 그 녀석이 그렇게 독한 놈인 줄 몰랐습니다. 폭포에서 뛰어내릴 줄이야……."
에르난데스가 면목이 없다는 듯 말꼬리를 흐렸다.
"아무튼 맹랑한 녀석입니다."
구리온이 끼어들었다. 핀타호의 선장실에는 야민과 구리온, 에르난데스 외에 마르틴 핀손 선장과 라스콘, 퀸테로가 함께 자리를 하고 있었다.
"그래서 어쩔 셈이야? 마냥 이렇게 이 섬에서 시간만 축내고 있자는 말인가?"
"그럴 수는 없지요. 대책을 마련해야 합니다."

구리온이 라스콘에게 시선을 돌렸다.

"키를 자세히 살펴봤는데 수리를 하면서 포르투갈 식으로 바꾼 바람에 연결쇠 없이는 항해하기 힘들게 됐습니다. 하지만 응급조치를 하면 마데이라 제도까지는 항해할 수 있을 겁니다."

마데이라 제도는 포르투갈의 관할이므로 그곳에서 키를 수리하면 된다는 생각이었다. 야민이 즉각 되물었다.

"그럼 응급조치를 하는 데 얼마나 걸리지?"

"사흘이면 가능할 겁니다."

사흘이라면 콜럼버스 제독이 수색에 나서기 전에 떠날 수 있는 시간이었다. 줄곧 찌푸려 있던 야민의 얼굴에 처음으로 안도의 빛이 떠올랐다.

"하지만 마냥 안심하고 있을 수는 없습니다. 아마도 그 꼬마 녀석은 이 섬 원주민들의 도움을 받고 있는 것 같았습니다. 원주민 움막에서 그 녀석이 누웠던 흔적을 발견했으니까요."

구리온이 끼어들었다. 야민이 그게 무슨 소리냐는 듯 쳐다보자 구리온이 말을 이었다.

"원주민의 도움을 받아서 콜럼버스 제독에게 연락을 취할지도 모른다는 뜻입니다."

야민의 얼굴빛이 다시 변했다.

"그렇다면……."

"정말로 그런 일이 생기더라도 원주민의 배라면 우리 구명선

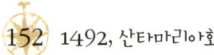

으로 충분히 쫓아갈 수 있습니다. 문제는 감시를 철저히 해야 하는데…….”

"좋아. 그렇다면 키 수리에 필요한 인력을 빼고 나머지는 전부 수색과 경계를 하도록 해라. 일단 이 섬만 빠져나가면 그 다음부터는 문제 될 것이 없다. 선원들에게는 약속한 금액 외에도 수당을 따로 지급하겠다고 해."

"그렇게 하겠습니다. 여하튼 빨리 이 섬을 벗어나야지 오래 있다가는 무슨 일이라도 당할 것 같습니다."

구리온이 대답을 하는 순간 다시 땅이 흔들리면서 감독관실의 집기들이 바닥에 떨어졌다. 방 안에 있던 사람들의 눈에 공포의 빛이 서렸다.

⚜

갑작스런 진동에 로이는 땅바닥으로 구르고 말았다. 땅이 흔들리는 강도가 아까보다 훨씬 심했다.

"산이 폭발하려나 보다."

타나메의 얼굴에 근심이 가득했다. 타나메 주위를 에워싸고 있던 원주민들은 불안해하며 서로를 쳐다보았다.

"도와주세요. 콜럼버스 제독이 틀림없이 보답할 거예요."

로이가 타나메에게 부탁했다. 로이에게 그동안의 일을 전해 들은 타나메는 눈을 감고 생각에 잠겼다. 목숨이 위태로운 사람은 일단 구하는 것이 당연하지만 백인들의 싸움에 끼어들 생각은 없었다.

정말로 그 콜럼버스 제독이라는 사람이 자신들을 도와줄 수 있을지 선뜻 믿기지 않았다. 테네리페 섬은 카나리아 제도의 다른 섬들과 달리 에스파냐 사람들이 거의 건너오지 않았다. 그래서 이곳의 원주민들은 그런대로 자신들의 삶을 누릴 수 있었고, 에스파냐 사람들 밑에서 허드렛일을 하지 않아도 괜찮았다.

하지만 화산 폭발은 이제 시간 문제였다. 화산이 폭발하면 부족은 큰 피해를 입고 섬은 황폐해질 것이다. 살기 위해서는 다른 섬을 찾아야 하는데, 그러기 위해서는 카나리아 영주의 승인이 필요했다. 정말로 그 콜럼버스 제독이 카나리아 영주에게 자신들의 일을 부탁해 준다면 일은 한결 쉽게 풀릴 것이다.

"우리에게 바라는 것은?"

한참 만에 타나메가 입을 열었다.

"제가 편지를 써 드리면 고메라 섬에 있는 콜럼버스 제독에게 전해 주세요."

로이가 기다렸다는 듯이 말했다. 애초에는 배를 빌려서 고메라 섬으로 갈 생각이었지만 마음을 바꾸었다. 바닷길도 자신이 없었지만, 아무래도 핀타호를 감시하고 있어야 할 것 같았다.

"제가 고메라 섬으로 가겠어요."

타나메가 마음을 정하기도 전에 오로바타가 나섰다. 타나메가 나무라듯 오로바타를 쳐다보고는 다시 생각에 잠겼다.

"더 생각할 게 뭐 있어요? 어려움에 처한 사람을 돕는 건데."

오로바타는 타나메가 너무 계산적으로 행동하는 게 불만이었다. 악인을 벌하고 어려움에 처한 사람을 돕는 건 부족의 오랜 전통이었다. 더 생각할 필요도 없었다.

"좋다."

마침내 타나메가 결정을 내렸다.

"네 편지를 전해 주겠다."

"고맙습니다."

로이는 안도의 숨을 내쉬며 펜과 종이를 달라고 했다. 시간이 없었다. 연결쇠가 없는 이상 당장 출항할 수는 없겠지만, 언제까지 발이 묶여 있지는 않을 것이다. 핀타호가 테네리페 섬을 떠나기 전에 어떻게 해서든 콜럼버스 제독의 선단을 불러와야 한다.

로이는 편지를 쓰면서도 초조한 마음을 감출 수가 없었다. 편지가 과연 무사히 콜럼버스 제독의 손에 들어갈 수 있을지도 걱정되었다. 점점 화산 폭발의 조짐을 보이고 있는 산도 자꾸만 신경이 쓰였다. 정말로 화산이 폭발하면 엄청난 재앙을 맞게 될 것이다.

"좋아, 당장 출발하겠어. 고메라 섬까지는 반나절이면 충분해."

오로바타가 편지를 들고 일어섰다.

"서두르지 말거라. 어쩌면 그자들이 해변에서 감시하고 있을지 모른다. 기다렸다가 해가 저물거든 그때 떠나거라."

타나메가 떠나려는 오로바타를 말렸다. 한시가 급했지만 타나메의 말을 따르는 게 좋을 듯 싶었다. 로이는 바깥 상황을 살피기 위해서 방을 나섰다. 해가 지려면 아직 서너 시간은 더 남은 듯 보였다.

마침내 밤이 되었다. 로이와 오로바타, 그리고 타나메는 조심스레 사방을 살피며 해안으로 나아갔다.

저 멀리서 핀타호의 불빛이 반짝거렸다. 어쩌면 키를 수리하는 중일지도 모른다. 가까이 가고 싶지 않았지만, 오로바타의 배가 묶여 있는 곳이 그 근처여서 어쩔 수가 없었다. 다행히 하늘은 맑았고 온통 별들로 가득했다.

"걱정하지 마. 별들을 보면 충분히 방향을 짐작할 수 있어."

오로바타가 웃으며 불안해하는 로이를 안심시켰다. 아무리 고메라 섬이 멀지 않다고 해도 바다에 나가면 아무것도 보이지 않을 것이다. 행여 방향을 잃고 먼 바다로 떠내려가면 끝장이었다. 로이가 불안해하는 것도 무리는 아니었다.

"너는 잘 해낼 게다."

타메라가 조금은 굳은 얼굴로 오로바타를 격려했다. 배는 모래톱에 교묘하게 감추어져 있었다. 로이는 깜빡거리는 핀타호의 불빛을 쳐다보며 오로바타가 무사히 편지를 콜럼버스 제독에게

전하기를 빌었다.

　세 사람은 힘을 합쳐 배를 바다로 밀었다. 간신히 두 사람 정도가 탈 수 있는 작은 배였지만, 바다로 미는 데 꽤나 힘이 들었다.

　"염려할 것 없어."

　오로바타가 밤하늘을 올려다보며 말했다.

　"저 별이 내 배의 항해사야."

　오로바타가 로이를 보며 싱긋 웃어 보였다. 로이가 따라서 웃음을 지어 보이려는 순간, 갑자기 저편에서 횃불이 환하게 비쳤다.

　"저기다! 잡아라!"

　고함 소리와 함께 핀타호의 선원들이 달려왔다.

　"숨어 있었군.. 빨리 떠나거라."

　타나메가 배를 힘껏 밀었다. 오로바타가 긴장한 얼굴로 얼른 배에 올라타 노를 집어 들었다. 꾸물거릴 틈이 없었다. 해안에서는 선원들이 소리를 지르며 쫓아왔고 바다에서는 작은 배가 다가왔다.

　"우리도 빨리 몸을 피하자."

　타나메가 오로바타가 바다로 빠져나가는 것을 확인하고는 로이의 손을 잡아끌었다. 고함 소리와 함께 화살이 날아들었다. 로이는 타나메의 뒤를 따라서 수풀로 몸을 숨겼다.

　"이리로."

타나메가 뒤를 돌아보며 재촉했다. 일단 수풀 속으로 들어왔지만 안심할 수 없었다. 저들은 있는 힘을 다해서 쫓아올 것이다. 로이는 도망치면서도 오로바타가 추격을 잘 따돌릴 수 있을지 걱정이 앞섰다.

쫓아오는 소리가 가까운 곳에서 들렸다. 벌써 포위된 것은 아닐까. 모든 것을 타나메에게 의지하는 수밖에 없었다.

핀타호의 선원들이 악을 쓰고 쫓아왔지만, 테네리페 섬의 원주민인 타나메를 당해 낼 수는 없었다. 쫓아오는 소리가 점점 멀어지자 로이는 안도의 숨을 내쉬었다.

"오로바타가 무사히 빠져나갔을까요?"

"별빛이 환하니 길을 잃지는 않겠지만, 추격선을 따돌리기가 쉽지 않을 것 같구나."

타나메도 오로바타가 걱정이 되는 모양이었다. 사실 로이도, 타나메도 바다에서의 추격은 예상치 못한 것이었다. 혼자 노를 저어서 열 명도 넘는 사람이 노를 젓는 배의 추격을 뿌리칠 수 있을까?

콰쾅!

부락으로 돌아가려고 몸을 일으키는 순간, 엄청난 진동이 밀려오면서 로이와 타나메는 그대로 벌렁 나자빠지고 말았다.

"아무래도 화산이 폭발하려는 것 같군."

타나메의 얼굴에 공포의 빛이 서렸다. 예상은 하고 있었지만,

시기가 너무 빨랐다.

　타나메의 말을 뒷받침이라도 하듯 다시 한 번 진동이 밀려오더니 산꼭대기에서 붉은 불기둥이 솟아올랐다.

　"기어이 폭발하고 말았구나."

　타나메의 목소리가 더할 수 없이 애처로웠다.

　"조금 더 빨리 노를 저어라!"

　에르난데스가 화살을 겨누며 소리쳤다. 도주하는 배가 눈에 들어왔다. 배에 탄 사람은 보아하니 로이는 아닌 듯했다. 아무려면 상관없었다. 콜럼버스 제독에게 연락하지 못하게 하면 그만이었다. 이렇게 달빛이 환한 밤이면 절대로 놓칠 리 없다. 에르난데스는 구리온의 정확한 예측이 놀라울 뿐이었다.

　도주하는 배는 무인도의 그림자 속으로 숨으려 했다. 하지만 보름달은 바다를 대낮처럼 환하게 비추었고, 거리는 점점 좁혀지고 있었다. 에르난데스는 활을 겨누었다. 쉿 소리를 내며 화살이 원주민 배를 향해서 날아갔다. 명중시키지는 못했지만 충분히 위협적이었다.

　과연 빠져나갈 수 없다고 체념했는지 노를 젓는 속도가 현저하게 떨어졌다. 에르난데스는 입가에 미소를 지으며 빨리 쫓아갈 것을 지시했다.

"저, 저것은……."

노를 젓던 선원이 비명을 질렀다. 저 멀리 산꼭대기에서 붉은 기둥이 솟구쳐 오르고 있었다.

"화산이 폭발했다!"

에르난데스는 순간 멍한 기분이 들었다. 그럼 이제 어떻게 되는 건가. 여태까지는 그저 야민과 구리온이 시키는 대로 따랐다. 막대한 돈을 약속했기 때문이다. 그렇지만 아무리 돈이 중요하다고 해도 사람이 살고 난 다음이다. 죽고 나면 아무것도 아니다. 추격전을 계속해야 하나. 우선 선원들부터 말을 듣지 않을 것이다.

"돌아가자!"

선원들이 동요했다. 하지만 그냥 돌아갔다가 구리온에게 추궁당하면 어떻게 하나. 에르난데스는 선뜻 결정을 내리지 못했다.

"도망가느라 힘이 다 빠져서 고메라 섬까지 가지 못할 거야."

에르난데스는 핀타호로 돌아가기로 결심했다.

두려움 속에서 밤이 지나가고 아침이 돌아왔다. 그렇지만 해는 볼 수 없었다. 산의 불길은 여전했고 테네리페 섬은 온통 뿌연 화산재로 가득했다.

핀타호의 선장실에 모인 사람들은 불안한 얼굴로 불을 뿜으며 화산재를 날리고 있는 산을 바라보았다. 화산재는 바람을 타고 해안까지 날아와 해안에 정박해 있는 핀타호를 덮쳤다. 갑판과 돛에 온통 화산재가 뒤덮였다. 선원들은 불안해하며 어쩔 줄을 몰랐다.

"이렇게 화산재를 뒤집어썼다가는 끝장이오. 빨리 여기를 빠져나갑시다."

마르틴 핀손 선장이 소리쳤다. 여태껏 어쩔 수 없이 끌려가는 듯한 행동을 보였던 그가 처음으로 적극적으로 나선 것이다.

"키가 고장난 배를 가지고 어디를 가! 마데이라 제도로 가서 핀타호를 수리하든 배를 새로 구입하든 할 테니 응급조치를 마칠 때까지 기다려!"

야민이 고개를 흔들었다.

"선원들의 동요가 심합니다."

프란체스코 핀손 일등 항해사가 마르틴 핀손 선장을 거들고 나섰다.

"빨리 수리를 마치라고 해!"

야민이 버럭 소리를 질렀다. 마르틴 핀손 선장은 난감했다. 지금까지 선원들은 유대인들이 가지고 있는 어마어마한 돈에 끌려서 시키는 대로 말을 잘 들었지만, 목숨이 왔다 갔다 하는 마당이라면 돈의 위력은 예전과 같지 않을 것이다. 과연 선원들이 고분고분 따를 것인가. 어쨌거나 이렇게 계속 화산재를 뒤집어썼다가는 핀타호는 다시는 항해를 하지 못할 것이다. 마르틴 핀손 선장과 프란체스코 핀손 일등 항해사는 무거운 마음으로 선장실을 나섰다.

　화산재는 숲을 온통 잿빛으로 물들였고, 바람을 타고 먼 해안까지 날아갔다. 로이는 핀타호를 지켜보면서 걱정이 되었다. 화산재가 돛과 선체를 사정없이 덮치고 있었다. 선원들이 부지런히 털어 내고 있었지만 멀리서 보기에도 역부족이었다.

　"용암도 흘러내릴까요?"

　"글쎄, 아직은 알 수 없지. 그저 제발 그런 일이 없기를 빌 뿐이다."

　타나메가 힘없이 대답했다. 원주민들은 일단 숲보다는 조금 더 안전한 해안으로 피신을 했다. 하지만 용암이 흘러내리고 계속해서 이렇게 화산재가 섬 전체에 날리면 섬을 떠나야 한다. 타나메와 로이는 오로바타를 걱정할 틈조차 없었다.

　화산재는 계속해서 핀타호를 덮쳤다. 로이는 저러다 허연 돌가루가 그대로 들러붙어서 핀타호가 거대한 돌덩어리로 변해 버리는 게 아닐까 덜컥 겁이 났다. 빨리 테네리페 섬을 빠져나가고 싶어도 키가 고장난 배를 가지고 무작정 바다로 나갈 수도 없을 것이다.

　로이는 생각에 잠겼다. 어떻게 해서든 선상 반란을 막아 보려고 했지만, 자신이 할 수 있는 일은 여기까지인 것 같았다. 콜럼버스 제독의 항해도 중요하지만 그보다는 사람의 목숨이 더 중요했다. 핀타호는 바다로 나갈 수도, 그렇다고 그냥 있을 수도 없는 상황에 빠져 있었다.

핀타호에는 반란을 주도한 유대인들과 에르난데스 일당만 있는 게 아니다. 사르미엔토 이등 항해사와 그를 따르고 있는 선원들도 타고 있다. 그들을 저대로 죽게 내버려 둘 수는 없었다. 로이는 결심했다.

"오로바타가 고메라 섬에 도착해서 편지를 콜럼버스 제독에게 전했을 거예요. 그리고 콜럼버스 제독이 선단을 이끌고 올 거고요. 모든 일이 잘될 거예요."

타나메가 놀라서 로이를 쳐다보았다.

"저들에게 연결쇠를 돌려주겠어요. 안타깝지만 어쩔 수 없지요. 이대로 모두 죽게 내버려 둘 수는 없잖아요."

"네가 그렇게 판단했다면 말리지 않겠다. 하지만 연결쇠를 돌려 주면 저들과 거래할 것이 아무것도 없지 않느냐?"

"오로바타를 믿고, 콜럼버스 제독을 믿는 수밖에 없지요."

로이가 단호하게 말했다.

"그동안 큰 도움을 받았습니다. 콜럼버스 제독이 꼭 선단을 이끌고 구하러 올 테니 희망을 잃지 말고 기다리세요."

로이는 걱정스러운 얼굴로 쳐다보는 타나메와 원주민들에게 감사를 표하고 숲을 나섰다. 화산재가 사정없이 날아들면서 핀타호의 꼬리는 허연 돌덩어리로 변해 가고 있었다. 빨리 떼어 내지 않으면 그대로 굳어 버릴 것이다. 로이는 마음을 다잡고 핀타호를 향해 달려갔다.

망루에 있던 선원이 소리를 치자 곧 갑판에 야민과 구리온, 에르난데스가 모습을 나타냈다.

"항복하는 거냐, 꼬마야?"

에르난데스가 킬킬거렸다. 로이는 굳은 표정으로 핀타호에 올랐다. 갑판에 오르자마자 구리온이 달려들어서 연결쇠를 빼앗았다.

"괘씸한 놈."

야민이 잡아먹을 듯 로이를 노려보았다.

"선실에 가둬 놓아라. 출항한 후에 그 아이를 어떻게 할지 결정할 테니. 그리고 빨리 연결쇠를 끼워."

야민의 지시가 떨어지자 에르난데스가 로이의 팔을 움켜쥐고 선실로 끌고 갔다.

"화산에 묻혀서 죽기 싫어 배로 돌아온 모양인데, 야민 님이 널 살려 주실지 모르겠구나."

에르난데스가 키득거리며 선실 문을 열더니 로이를 힘껏 밀어 넣었다.

"로이!"

사르미엔토 이등 항해사가 깜짝 놀라며 로이를 불렀다. 좁은 선실 안에 사르미엔토를 비롯해서 한패가 되기를 거부했던 선원 일곱 명이 일제히 로이를 쳐다보았다.

"연결쇠를 빼서 달아났다고 들었는데, 저자들에게 붙잡혔느냐?"

사르미엔토가 근심스런 표정으로 물었다.

"일부러 핀타호로 돌아왔어요. 콜럼버스 제독에게 소식이 전달될 거예요. 화산이 폭발했는데 이대로 테네리페 섬에 정박해 있다가는 핀타호가 돌덩어리로 변할지 몰라요. 저는 그게 염려가 돼서……."

로이는 사르미엔토가 자신의 경솔함을 꾸짖을지도 모른다고 생각했다. 사르미엔토가 잠시 생각에 잠기더니 고개를 끄덕였다.

"어려운 결정을 했구나. 하지만 야민 일당은 그리 믿을 만한 자들이 못된다. 일단 바다로 나가면 목숨을 보장받을 길이 없다."

"알고 있어요. 하지만 콜럼버스 제독이 반드시 우리를 구하러 올 거예요."

두려운 상황이었지만 로이는 마지막 순간까지 희망을 잃지 않기로 했다.

침묵이 흘렀다. 여기 있는 사람들 모두 끝까지 저항을 하다가 잡힌 몸이다. 사르미엔토의 말대로 핀타호가 일단 바다로 나가면 목숨을 보장받을 길이 없다. 과연 콜럼버스 제독이 산타마리아호와 니나호를 몰고 달려올까. 오로바타가 무사히 고메라 섬에 도착했을지도 의문이었다.

키를 수리하고 화산재를 털어 내고 닻을 감아올리느라 선원들이 갑판 위를 분주히 오가는 소리가 들렸다. 머지않아 출항할 것을 생각하니 로이는 착잡한 심정이 되었다. 그때 선원들이 일제히 비명을 질러댔다. 아마도 또다시 화산에서 불길이 뿜어 나온 모양이었다.

잠시 후에 작은 충격이 전해지면서 핀타호가 바다를 향해서 나가기 시작했다. 마침내 테네리페 섬을 떠나는 것이다. 선실에 갇힌 사람들은 아무도 입을 열지 않았다. 앉은 채로 돌덩어리가 되는 신세는 면했지만, 언제 물속에 처박힐지 모르는 상황에 처한 것이다.

'꼭 콜럼버스 제독이 우리를 구하러 올 거야.'

로이는 그렇게 스스로를 위로했다.

얼마나 지났을까. 갑자기 문이 열리면서 에르난데스가 고개를 내밀었다.

"모조리 나와!"

에르난데스 뒤에는 칼로 무장한 선원들이 히죽거리며 서 있었다. 사르미엔토가 무거운 표정으로 앞장섰다. 선원들은 묶인 채 갑판 위로 끌려 나왔다.

결국 화산이 폭발했는지 테네리페 섬 꼭대기에서 불길이 치솟고 있었다. 조금만 더 늦었으면 불덩어리를 뒤집어썼을지도 몰랐다.

"우리를 원망하지 마라!"

위쪽에서 야민의 목소리가 들렸다.

"자비를 베풀어 목숨을 살려 주었더니 죽자고 제발로 찾아들었다. 더 이상의 자비는 없다."

야민이 차가운 음성으로 말했다. 끌려 나온 선원들은 사색이 되어 어쩔 줄 몰라 했다. 반란에 앞장섰던 에르난데스와 오반도, 디에고가 묶인 선원들을 에워쌌다. 유대인들은 무표정한 얼굴로 상황을 지켜보고 있었고, 반란에 가담했던 다른 선원들은 애써 고개를 외면하고 있었다. 마르틴 핀손 선장을 비롯해서 사관들의 모습은 보이지 않았다.

"핀타호의 선원들은 듣거라!"

갑자기 사르미엔토 이등 항해사가 큰 소리로 외쳤다.

"반란은 절대로 성공할 수 없다. 곧 콜럼버스 제독께서 선단을 이끌고 올 것이다. 지금이라도 늦지 않았으니 유대인들의 말을 듣지 말고 내 지휘를 따르라!"

사르미엔토가 소리치자 반란에 가담했던 선원들의 얼굴에 동요의 빛이 스쳤다. 죽기 싫어서, 혹은 돈에 혹해서 유대인들과 손을 잡았지만 동료의 죽음을 눈앞에 두고 마음이 편할 리가 없었다.

"헛소리 마라!"

야민이 호통을 치며 에르난데스에게 눈짓을 보냈다. 시간을 끌어서 좋을 게 없었다. 야민은 일을 빨리 끝내고 카나리아 제도를 벗어나야겠다고 생각했다.

뱃머리 끝에는 가느다란 널빤지가 얹혀 있었다. 선원들을 차례로 물속에 빠뜨릴 최후의 사형대였다. 에르난데스가 비웃으며 포박된 선원들에게 다가섰다.

"지금이라도 늦지 않았다. 유대인의 말을 듣지 말고 내 지휘를 따르라!"

사르미엔토가 에르난데스의 억센 손에 끌려가면서도 뒤를 돌아보며 소리쳤다.

"빨리 처넣지 않고 뭐 해!"

야민이 악을 썼다.

"잠깐! 내가 먼저 뛰어내릴게요."

로이가 어깨로 선원들을 헤치며 앞으로 나섰다. 콜럼버스 제독의 선단은 끝내 나타나지 않는 것일까. 하지만 어떻게 해서든 시간을 벌어야 했다.

"네 녀석이?"

에르난데스가 재미있다는 듯이 큰 소리로 웃었다. 위에서 야민이 뭘 꾸물거리냐며 소리를 질렀지만 에르난데스는 상관하지 않았.

"좋아. 네 녀석에게는 빚이 있으니까 빚을 갚는 셈 치고 끈을 조금 늦춰 주지."

에르난데스의 말에 디에고와 오반도가 킬킬거렸다.

"난 빚을 지고는 못 사는 성미거든. 재주껏 헤엄쳐서 테네리페 섬으로 가거라."

로이는 눈을 감았다. 다리가 심하게 떨렸다. 불현듯 엄마의 얼굴이 떠올랐다. 이렇게 될 줄이야…….

'팔로스의 남자는 절대로 비겁하지 않아.'

로이는 죽음을 각오했다. 아무리 헤엄을 잘 쳐도 손이 묶인 채 바다에서 살아날 수는 없었다.

펑!

갑자기 물기둥이 솟아올랐다. 화산의 용암이 여기까지 날아왔단 말인가. 놀라서 주위를 살피던 로이는 심장이 멎을 것만 같았다. 언제 나타났는지 돛에 십자가 무늬가 선명한 산타마리아호가 전속력으로 다가오고 있었다. 물기둥은 산타마리아호에서 발사한 대포가 바다에 떨어지면서 생긴 것이었다.

"산타마리아호다!"

핀타호의 선원들이 전속력으로 다가오는 산타마리아호와 니나호를 보며 소리쳤다.

"모두 내 말을 들어라! 유대인들을 붙잡아라! 지금이라도 내 명령에 복종한다면 이후 죄를 묻지 않겠다."

사르미엔토가 동요하는 선원들에게 소리쳤다. 야민은 당황해서 어쩔 줄 몰라 했다. 로이는 늠름한 자태로 다가오는 산타마리

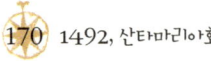

아호와 니나호를 보면서 감격에 겨워 가슴이 터질 것 같았다.

⚜

고메라 섬에서 수리와 물자를 실은 선단은 마침내 9월 6일에 이르러 대서양 항해에 나섰다. 키를 수리하고 돛도 새것으로 교체한 핀타호는 경쾌하게 파도를 가르며 산타마리아호의 뒤를 따랐다.

야민을 비롯해서 반란을 주도했던 유대인들과 에르난데스 일당은 모조리 체포되어 카나리아 영주에게 넘겨졌고, 단순 가담자들은 콜럼버스 제독의 사면을 받고 충성을 맹세한 뒤 다시 핀타호에 승선하게 되었다. 그리고 테네리페 섬의 원주민들은 테네리페 섬의 화산 폭발이 그칠 때까지 고메라 섬에서 살 수 있도록 허락받았다.

회의에서 마르틴 핀손 선장을 비롯해서 조금이라도 반란에 가담한 사관들을 철저하게 조사해 벌을 주자는 의견이 나왔지만 콜럼버스는 더 이상 문제 삼지 않기로 했다. 사실, 핀손 가문의 도움이 없이는 항해가 불가능한 것이 현실이었다. 마르틴 핀손을 징계할 경우 선단은 깨지고 항해는 더 이상 할 수 없게 된다. 콜럼버스는 감정을 접고 현실을 받아들이기로 했다. 이유야 어쨌든 선장으로서 지휘권을 빼앗겼다는 것 자체가 충분히 징계 사항이었다.

로이는 산타마리아호로 옮겨 조리실에서 일하게 되었다. 핀타호를 지키는 데 공이 컸기 때문에 콜럼버스 제독이 맡은 일을 바꿀 기회를 준 것이다. 로이는 이사벨라와 함께 일하는 것을 택했다. 콜럼버스 제독은 이를 승낙했고, 또 에르난데스 일당이 진 빚도 대신 갚아 줄 것을 약속했다.

"함께 있게 되어서 정말 기뻐."

이사벨라는 로이와 함께 지내게 된 것을 진심으로 기뻐했다. 남장을 하고 서툰 주방일을 하느라 고생이 심했던 이사벨라로서는 든든한 지원군을 얻은 셈이었다.

"이 녀석아, 어쩌자고 그런 위험한 짓을 했느냐. 나중에라도 네 엄마께서 알았다가는 널 가만 놔두지 않을 게다."

파블로는 핀잔을 주면서도 대견해했다.

산타마리아호를 선두로 핀타호와 니나호, 세 척으로 구성된 선단은 대서양의 푸른 물결을 가르며 서쪽으로 방향을 잡았다. 이제부터는 그 누구도 가 본 적이 없는 미지의 세계를 향한 항해가 시작될 것이다.

수평선 너머로 테네리페 섬에서 내뿜는 연기만 보일 뿐, 바다는 조용했다. 그런데도 콜럼버스는 긴장된 얼굴로 망원경에서 눈을 떼지 못했다. 포르투갈의 해군이 선단을 노리고 있다는 정보를 들었기 때문이다.

포르투갈 왕은 자기와의 협상을 무시하고 경쟁국인 에스파냐와 손을 잡은 콜럼버스를 괘씸하게 생각하고 있었다. 따라서 해군을 파견해 선단을 방해하려는 음모를 꾸미고 있었던 것이다. 속도가 빠른 포르투갈의 카라벨라 전투선을 따돌리기 위해서는 적의 배를 먼저 발견하는 수밖에 없었다. 콜럼버스는 각 배에게 감시를 소홀히 하지 말 것을 지시했다.

"배가 보입니다!"

보초를 섰던 선원이 소리치며 수평선을 가리켰다. 콜럼버스가 얼른 망원경을 집어 들고 수평선 위의 까만 점에 초점을 맞추었다.

"카라벨라로군요."

어느 틈에 옆에 다가온 알 하티브가 수평선을 바라보며 말했다. 콜럼버스가 고개를 끄덕이며 망원경을 건네주었다.

"저쪽에서도 우리를 발견한 것 같습니다."

카라벨라 전투선이 이쪽을 향해 똑바로 다가오고 있었다.

"전투를 준비할까요?"

코사 선장이 긴장하면서 물었다. 다가오는 포르투갈의 카라벨라 전투선은 모두 세 척이었다. 콜럼버스가 의견을 구하듯 알 하티브를 쳐다보았다.

"피하는 게 좋겠습니다. 지금 풍속으로 우리가 전속력으로 달아난다면 반나절 안에 대포 사정거리를 벗어날 수 있습니다. 그리고 반나절 후면 미지의 바다입니다. 저들이 거기까지 쫓아오지는 않을 겁니다."

알 하티브가 신중하게 자신의 의견을 말했다. 짧은 시간에 정확하게 상황을 읽은 것이다. 큰일을 앞둔 마당에 피할 수 있는 싸움을 벌일 필요는 없었다. 콜럼버스가 고개를 끄덕이며 속력을 최대로 높일 것을 명령했다.

산타마리아호와 핀타호, 니나호는 빠른 속도로 물살을 갈랐다. 선단이 속도를 높이자 포르투갈 해군의 카라벨라 전투선들도 돛을 활짝 펼치며 따라왔다. 그러나 알 하티브의 짐작대로 포르투갈 해군은 대포를 몇 방 날리고는 방향을 틀어 버렸다.

"막상 우리뿐이라고 생각하니 도리어 겁이 납니다."

코사 선장이 눈앞에 펼쳐지고 있는 미지의 바다를 보면서 말했다.

희망의 태엽 시계

"이 녀석, 솜씨가 제법이구나."

파블로가 부지런히 칼질을 하고 있는 로이를 보며 놀란 표정을 지어 보였다.

"팔로스에서 줄곧 여관 일을 했어요. 어려운 일은 대부분 엄마가 하셨지만."

어느 틈에 채소를 다 썬 로이가 닭고기를 집어 들며 자신 있는 목소리로 대답했다.

"하긴 네 엄마는 억센 뱃사람들도 능숙하게 상대하는 여장부니까."

그동안 파블로는 주방일이라고는 해 본 적이 없는 이사벨라를 데리고 일하느라 고생이 이만저만 아니었다. 일손이 서툰 것은 그만두고라도 여자인 것을 감추기 위해서 식사를 나르는 것까지 전부 파블로 혼자서 해야 했다. 그러던 참에 두 사람 몫을 하고도 남을 로이가 함께 일하게 됐으니 파블로가 기뻐하는 것은 당연했다.

로이가 주방일을 거들면서 늘 파블로에게 미안한 마음을 가졌던 이사벨라도 비로소 마음 편히 지낼 수 있게 되었다. 무엇보다 고급 사관들의 방 청소를 담당하고 있는 로이를 통해 알 하티브와 수시로 연락을 주고받을 수 있어서 좋았다.

"올라가 볼게요."

주방일을 마쳤으니 이제는 배꼬리 갑판 아래에 있는 고급 사관실로 가서 청소를 해야 했다.

"잠깐만!"

이사벨라가 주방을 나서려는 로이에게 얼른 쪽지를 건네며 살짝 미소를 지었다. 알 하티브에게 전해 달라는 뜻이었다. 로이도 따라서 미소를 짓고 주방을 나섰다.

"엇?"

로이가 문을 열고 나서려는데 황급히 몸을 감추는 자가 있었다. 누가 주방을 엿보고 있었단 말인가. 로이는 조심해야 할 일이 하나 더 늘었다고 생각하며 고급 사관실로 향했다.

콜럼버스 제독과 코사 선장, 알 하티브 수석 항해사는 갑판에 있는지 방이 모두 비어 있었다. 방을 청소하는 데는 그리 오래 걸리지 않았다. 수석 항해사의 방을 청소하고 나가려는데 마침 알 하티브가 들어섰다.

"청소를 하고 있었니?"

알 하티브가 로이를 보고 반가워했다. 로이는 이사벨라의 쪽지를 내밀었다. 알 하티브는 로이를 의식했는지 선뜻 쪽지를 펼치지 않았다.

"잠깐 기다리거라."

알 하티브가 방을 나가려고 하는 로이를 불렀다.

"이사벨라는 어디 불편한 데는 없고?"

알 하티브의 얼굴에 애처로운 눈빛이 가득했다.

"불편한 건 많겠지만 특별히 아픈 데는 없는 것 같아요."

로이는 가까이 있으면서도 만나지 못하는 두 사람의 처지가 안타까웠다.

"그래, 다행이로구나. 아무튼 네가 온 후로 한결 마음이 놓인다. 내 대신 네가 옆에서 잘 보살펴 주면 고맙겠구나."

로이가 고개를 끄덕이며 물었다.

"그런데 언제쯤 동양에 도착하게 되나요? 이사벨라는 동양에 도착할 날만 손꼽아 기다리고 있는데."

콜럼버스 제독은 이번 항해가 성공할 것이라고 확신하고 있지만, 이제 다시는 고향으로 돌아갈 수 없을지 모른다고 생각하는 선원들도 많았다.

로이는 이런 선원들의 불안함을 없앨 알 하티브의 확실한 대답을 듣고 싶었다.

"콜럼버스 제독은 분명히 뛰어난 뱃사람이고 강한 신념을 지닌 사람이지."

잠시 생각하더니 알 하티브가 입을 열었다.

"하지만 우리는 지금 미지의 바다를 항해하고 있고, 콜럼버스 제독이 상황을 지나치게 긍정적으로 보고 있는 면도 있단다."

로이는 가슴이 철렁했다.

"그럼……."

순간적으로 엄마의 얼굴이 떠올랐다.

"선단의 항해를 책임진 이상 최선을 다해 볼 생각이다."

알 하티브가 굳게 다짐하며 말했다.

"미지의 바다라고 해도 내 위치를 정확하게 알고 있으면 두려움이 한결 덜할 거야."

위치를 정확하게 안다니 그게 무슨 소리일까. 몇 해 전에 포르투갈의 선단이 아프리카 대륙 끝까지 항해를 하고 돌아온 적이 있었지만, 육지와 가까운 바다에서 항해했기 때문에 위도를 파악하는 것만으로도 충분히 선단의 위치를 파악할 수 있었다. 하지만 보이는 것이라고는 수평선뿐인 바다에서는 위도만 가지고 자신의 위치를 파악할 수 없다. 경도를 함께 측정해야 하는데 정확한 경도를 측정한다는 건 불가능했다.

알 하티브가 로이의 의문을 짐작한다는 듯이 자리에서 일어나 서랍에서 작은 상자 하나를 꺼냈다. 알 하티브가 연 상자 안에는 낯선 모양의 태엽 시계가 들어 있었다.

로이는 호기심이 가득한 얼굴로 알 하티브를 쳐다보았다. 태엽 시계는 째깍째깍 소리를 내며 힘차게 움직이고 있었다.

"마문이라는 천재 시계공이 만든 태엽 시계야. 마문은 원래 노예였는데 내가 해방시켜 주었지. 이 시계는 그에 대한 보답으로 선물받은 것이란다. 이것으로 경도를 측정할 생각이야."

경도를 측정한다는 말에 로이는 깜짝 놀랐다. 바다에서 경도를 측정하는 게 불가능하다는 사실은 항해술을 배운 적이 없는 로이도 잘 알고 있었다.

로이는 상자 속의 태엽 시계에 다시 눈길을 주었다.

"팔로스 항구를 떠나기 직전에 정확한 시각을 맞추어 놓았지. 이 시계가 우리들을 바다에서 안전하게 인도해 줄 거야."

알 하티브가 신념에 찬 얼굴로 말을 이었다.

"나는 사그레스 항해 학교를 졸업하고 그라나다 천문대에서 일했어. 동료들과는 달리 바다 대신에 하늘을 택한 셈이야. 내게는 바다에서 경도를 측정해 보겠다는 꿈이 있었거든. 그러다 에스파냐와 싸움이 벌어졌고 그 와중에 이사벨라를 만났지. 내 왕조와 꿈은 잃었지만, 그 대신에 사랑을 얻은 셈이지. 어쩌다 보니 선단의 수석 항해사가 되었지만 어쩌면 잃었던 꿈을 다시 찾을 수 있을지도 모른다는 생각이 드는구나."

실제로 항해를 해 본 경험은 거의 없는 알 하티브였지만, 뛰어난 실력으로 다른 항해사들에게 부러움을 사고 있었다. 그런 그에게 경도를 측정하겠다는 커다란 꿈이 있을 줄이야…….

콜럼버스 제독에게 누구도 따라가지 못할 강한 열정이 있다면, 알 하티브에게는 사람들이 상상하지 못한 꿈이 있었다. 힘차게 돌아가는 마문의 태엽 시계와 굳은 의지로 가득한 알 하티브의 눈빛을 바라보며 로이는 가슴 깊은 곳에서 벅찬 감정이 솟아오르는 것을 느꼈다.

"알 하티브에게 그런 커다란 꿈이 있는 줄 몰랐어요. 틀림없이 이사벨라도 뒤에서 응원할 거예요. 그런데 콜럼버스 제독도 이 사실을 알고 있나요?"

알 하티브가 고개를 가로저었다.

"괜히 혼란을 일으키고 싶지 않아서 아직 말하지 않았어."

"그렇군요."

로이는 그만 자리에서 일어섰다.

"참!"

방을 나서려던 로이가 생각난 게 있다는 듯 걸음을 멈추었다.

"누가 주방 근처를 얼씬거리는 것 같았어요. 혹시 이사벨라가 여자라는 사실을 눈치 챈 사람이 있는지 걱정이에요."

"그래? 실은 나도 전에 그런 자를 본 적이 있어 내내 걱정을 하고 있었단다. 미안하지만 네게 도움을 청할 수밖에 없겠구나.

이사벨라를 잘 부탁한다."

"염려 마세요. 제가 옆에서 잘 보살펴 드릴 테니까요."

로이는 씩씩하게 대답하고 수석 항해사실을 나섰다.

⚜

선단은 고메라 섬을 출항한 지 벌써 열흘째 서쪽으로 전진하고 있었다. 키잡이가 키를 잘못 조종하는 바람에 방향이 잠시 틀어진 적은 있었지만 항해는 순조로웠다. 바람은 순풍이었고 바다는 잔잔했다. 커다란 배에서 떨어져 나온 것이 분명한 돛대 조각이 떠 있는 것을 발견하고 선원들이 잠시 환호했지만, 보이는 것이라고는 여전히 막막한 수평선뿐이었다.

콜럼버스와 알 하티브는 제독실에서 머리를 맞대고 항해도를 쳐다보고 있었다. 불안하고 답답한 마음에 항해도를 쳐다보고 있지만 미지의 바다에서 항해도란 별 소용이 없다는 사실은 그들이 누구보다도 잘 알고 있었다. 콜럼버스와 알 하티브는 혹시 선원들이 불안해 할까 내심 걱정이 되었다. 하루하루 지날수록 선원들의 얼굴에 어두운 그림자가 깊게 드리워졌기 때문이다.

두 사람은 만일의 사태에 대비해서 항해 일지를 두 가지로 기록하고 있었다. 실제 항해한 거리를 줄여서 기록한 일지도 있었는데, 나중에라도 선원들이 항해 일지를 보여 달라고 할 경우를 대비한 것이었다.

"60레과를 지났군. 그렇다면 45레과로 기록하는 게 좋겠어."

콜럼버스가 알 하티브의 동의를 구하듯 쳐다보았다. 알 하티브가 고개를 끄덕였다. 항해 거리를 줄이는 게 선원들의 마음을 잡는 데 얼마나 도움이 될지 모르지만 제독의 마음을 충분히 헤아렸기 때문이다. 60레과를 지났다고 하지만 그것도 정확한 거리는 아니었다. 노끈을 늘어뜨리고 매듭 수를 세어서 항해 거리를 재는 방식은 별로 믿을 게 못 되었다. 항해 거리를 정확하게 파악하기 위해서는 먼저 정확한 경도를 알아야 했다.

'꼭 성공할 거야.'

알 하티브는 그렇게 다짐하면서 제독실을 나섰다. 정말로 그라나다 천문대 시절에 예측했던 대로 월식이 일어날까? 그동안 한 번도 의심해 본 적이 없는 일이지만 때가 때인지라 새삼 걱정이 되었다. 어쨌거나 경도를 측정하기 위해서는 정확한 시각 측정과 동시에 월식이 예정했던 시각에 정확히 일어나야 했다.

갑판은 분주했다. 일부 선원들은 늘어서서 돛줄을 잡아당기고 있었고, 일부는 돛대에 매달려서 찢어진 돛을 부지런히 꿰매고 있었다. 하급 사관이 채찍을 들고 오가며 선원들을 감독하며 격려했다.

알 하티브가 갑판으로 내려서자 하급 사관과 선원들이 선단의 수석 항해사에게 인사를 했다. 하지만 눈빛에서 존경심을 찾아보기는 힘들었다. 그들에게 알 하티브는 수석 항해사 이전에

개종을 하지 않은 이교도일 뿐이었다. 혹시라도 항해가 뜻대로 되지 않을 경우 저들은 일제히 이교도 수석 항해사 핑계를 댈 것이다. 알 하티브는 답답한 심정을 누르며 뱃전으로 향했다.

조금 떨어져서 핀타호와 니나호가 힘차게 돛을 펄럭이며 쫓아오고 있었다. 산타마리아호를 비롯해서 핀타호와 니나호의 생사가 자신의 손에 달려 있다는 생각이 들자 알 하티브는 어떻게 해서든 항해를 성공으로 이끌어야 한다고 굳게 결심했다.

느낌일까. 해류의 흐름이 바뀐 것 같았다. 항해에 영향을 줄 정도는 아니지만 뭔가 변화가 생길 조짐이었다.

"수석 항해사!"

콜럼버스 제독이 부르는 소리를 듣고 알 하티브가 얼른 제독실로 달려갔다.

"나침반이 흔들려! 방향이 조금 바뀐 것 같아!"

콜럼버스가 흥분을 감추지 못하고 알 하티브에게 나침반을 내밀었다.

"나 때문에 네가 고생이 많구나."

여태 잠이 들지 않았는지 이사벨라가 몸을 돌리며 말을 건넸다. 혹시 선원들 중에 이사벨라가 여자라는 사실을 눈치 챈 자가 있을까 염려가 되어 알 하티브가 로이에게 잠자리를 옮길 것을 당부했었다.

"그렇지만 네가 있어서 마음이 든든해."

이사벨라가 거듭 미안해 하며 말했다.

"좁기는 하지만 그래도 망루에서 보초를 서지 않으니까 더 편해요."

로이가 씩씩하게 대답했다. 이사벨라의 얼굴에 안도의 빛이 떠올랐다.

"무사히 동양에 닿을 수 있을까?"

이사벨라는 잠이 오지 않았다.

"물론이지요. 나는 콜럼버스 제독과 알 하티브 수석 항해사를 믿어요."

"그렇긴 하지만, 그래도 이렇게 좁은 주방에만 갇혀 지내려니 갑갑하고 불안해서······."

"우리 잠깐 갑판으로 나가서 바닷바람 좀 쐬고 올까요?"

로이가 조심스럽게 말했다. 지금은 깜깜한 밤이니 선원들 모두 잠에 곯아떨어지고 보초 서는 선원만 먼 바다를 지키고 있을 것이다.

"갑판에?"

이사벨라가 깜짝 놀라며 로이를 쳐다보았다. 갑판에 나갈 생각은 한 번도 해 보지 않았다.

"지금 갑판에는 아무도 없을 거예요. 내가 먼저 나가서 주변을 살피고 신호를 보낼게요."

이사벨라는 대답하지 않았지만 그 간절한 눈빛에는 바깥 공기를 쐬고 싶은 마음이 가득했다. 로이는 대답을 기다리지 않고 몸을 일으켰다. 그리고 주방문을 열고 밖을 살핀 후에 이사벨라에게 신호를 보냈다. 이사벨라가 잔뜩 긴장한 얼굴로 살그머니 주방을 나섰다. 두 사람은 발소리를 죽이며 계단으로 향했다.

예상대로 갑판에는 아무도 없었다. 선원들의 잠자리는 로이가 잘 알고 있었다. 선원들은 주로 돛 아래나 배꼬리 쪽 고급 사관실로 올라가는 계단 아래 모여서 잠을 잤다. 제법 힘이 있는 선원들은 기둥 사이에 설치하는 그물 침대를 차지하고 그렇지 못한 선원들은 그냥 바닥에 누워서 잤는데, 비록 바깥이지만 좁고 불결한 선실보다 쾌적하고 시원하다는 장점이 있었다.

"이리로."

로이가 겁을 먹고 선뜻 걸음을 옮기지 못하고 있는 이사벨라의 손을 잡고 뱃머리 쪽으로 데리고 갔다. 그쪽은 선원들이 없을 것이다.

"아름다워!"

이사벨라가 밤하늘을 수놓고 있는 별들을 쳐다보며 감탄했다.

"그라나다에 있을 때도 마음이 울적할 때는 밤하늘을 올려다보며 위안을 받았어. 세상에서 그라나다의 밤하늘이 제일 아름다운 줄 알았는데, 여기 대서양의 밤하늘도 그에 못지않게 아름답네. 너무 황홀해."

이사벨라가 어린아이처럼 좋아했다.

"심호흡을 해 봐요. 밤공기가 아주 시원해요."

로이가 시범이라도 보이듯 두 팔을 활짝 펴고서 공기를 흠뻑 들이마셨다. 이사벨라가 웃으며 로이를 따라서 두 팔을 활짝 펼쳤다.

"그래, 네 말대로 아주 상쾌하구나. 살 것 같아. 모처럼 내가 살아 있다는 걸 느껴."

고메라 섬을 떠난 후로 좁은 조리실에 갇혀서 음식 냄새로 뒤범벅이 된 탁한 공기만 마시며 지내야 했던 이사벨라에게 별빛 가득한 밤하늘과 시원한 바다 공기가 있는 이곳은 천국과 마찬가지였다.

"우리 지금 동양으로 가고 있는 거지?"

이사벨라가 하얗게 물살을 가르고 있는 뱃전을 내려다보며 물었다. 비로소 알 하티브와의 보금자리를 찾아서 먼 항해를 하고 있다는 사실이 실감 난 모양이었다.

"물론이지요. 콜럼버스 제독은 저 수평선 너머에 동양이 있다고 했어요."

로이가 자신 있게 말했다.

"지금 알 하티브가 옆에 있다면 얼마나 좋을까."

이사벨라가 중얼거리듯 말했다. 모처럼 환했던 표정이 다시

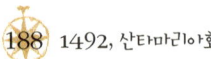

쓸쓸해졌다.

"저쪽을 봐요. 불빛이 반짝이는 방이 보이지요?"

로이가 배꼬리 쪽의 고급 사관실을 가리켰다. 알 하티브의 방에서 불빛이 새어 나오고 있었다.

"저기가 수석 항해사실이에요."

이사벨라는 안타까운 눈빛으로 새어 나오는 불빛을 바라보았다.

"이게 누구야? 조리실의 꼬마 아니야? 기껏 조리실로 옮겨 가더니 여긴 웬일이야? 조리실이 좁은 모양이지?"

갑자기 뒤에서 목소리가 들렸다. 로이가 황급히 고개를 돌리자 곤살베스가 웃으며 다가오고 있었다. 그 뒤로 술 생각이 간절한 듯한 선원 서넛이 심드렁한 얼굴로 서 있었다. 큰일이었다.

"혼자가 아니었나? 보아하니 주방에서 일하는 친구 같군."

다가오던 곤살베스가 이사벨라를 보고 걸음을 멈추었다. 이사벨라는 고개를 돌리고 못 들은 체했다. 비록 남장을 했지만 가까운 거리에서 정면으로 마주치면 여자라는 사실을 단번에 알아챌 것이다.

"잠시 바람을 쐬러 나온 것뿐이에요. 그리고 이 사람은 말을 못해요."

로이가 다가서는 곤살베스를 막아서며 이사벨라의 손을 잡아끌었다.

"이거 왜 이래? 식사를 챙겨 주는 게 고마워서 인사라도 하려는 것뿐인데."

곤살베스가 억센 팔로 로이를 밀어내며 고개를 돌리고 있는 이사벨라에게 다가갔다.

"보아하니 술 생각이 나서 어슬렁거리는 모양인데, 말도 못하는 사람에게 괜히 시비를 걸지 않는다면 럼주(밀이나 사탕수수를 발효해 증류하여 만든 술) 한 잔씩 줄 수도 있어요."

로이가 재빨리 막아섰다. 선원들에게 술을 지급하는 것은 선장의 권한이었지만, 주방장은 양념으로 쓰이는 럼주를 적당히 빼돌릴 수 있었다. 럼주를 주겠다는 말에 선원들은 귀가 솔깃했는지 로이를 바라보았다.

"야, 저 꼬마 뒤를 따라가 봐. 럼주를 준대잖아."

의외로 곤살베스가 쉽게 길을 내주었다. 로이는 고개를 숙이고 있는 이사벨라를 이끌고 얼른 주방으로 향했다.

"이봐, 곤살베스."

선원 하나가 눈을 가늘게 뜨고서 곤살베스를 불렀다.

"저 친구 어째 이상하지 않아? 내 눈에는……."

"시끄러워. 쓸데없는 소리 집어치우고 럼주나 마시자고."

곤살베스가 핀잔을 주자 선원은 머쓱해서 뒤로 물러섰다. 하긴 뜻하지도 않았던 럼주를 마실 수 있게 되었으니 횡재를 한 셈이었다. 곤살베스는 서둘러 주방으로 향하는 로이와 이사벨라의 뒷모습을 보면서 입가에 차가운 미소를 지었다.

⚜

 육지에서 얼마나 떨어진 곳을 항해하고 있는 걸까. 제독실에 모인 고급 사관들 모두 심각한 표정으로 섣불리 입을 여는 사람이 없었다.
 도대체 이 바다의 끝은 어디일까. 문득문득 전설처럼 지옥 끝으로 이어지는 것은 아닌가 하는 불안감이 밀려왔다. 밤에 보초를 선 선원이 이상한 불줄기를 봤다고 보고하는 바람에 혹시 육지가 아닌가 해서 희망을 가지고 날이 밝기를 기다렸지만, 막상 날이 밝자 사방은 여전히 아득한 수평선뿐이었다.
 하루하루 단조로운 항해가 계속되면서 선원들은 조금씩 불안해하기 시작했다. 사정은 핀타호와 니나호도 마찬가지였다.
 따로 할 얘기가 없었다. 콜럼버스는 선원들의 움직임을 잘 살필 것을 지시하고 회의를 끝냈다.
 배꼬리 지휘대로 올라서자 바닷바람이 더없이 시원하게 불어왔다. 콜럼버스는 바람에 몸을 맡기며 답답한 마음을 달랬다. 어둠 저편에서 니나호와 핀타호의 불빛이 깜빡거렸다.
 "순풍입니다."
 조용히 뒤를 따르던 알 하티브가 터질 듯 부푼 돛을 올려다보며 입을 열었다. 선단은 본격적으로 무역풍대에 진입한 것이다.

"하지만 선원들은 순풍을 오히려 걱정하고 있어."

콜럼버스가 무거운 음성으로 대답했다. 선원들 사이에서 이렇게 바람이 계속해서 서쪽으로만 불면 나중에 고향으로 돌아가지 못하는 건 아닐까 하는 우려가 나오고 있었다.

"하지만 그 점은 염려하지 않아도 좋아."

콜럼버스는 어느새 낙천적인 얼굴로 돌아와 있었다.

"동쪽으로 바람이 부는 위도대를 알고 있어. 나는 일찍이 잉글랜드와 아일랜드, 그리고 아이슬란드를 오가는 배를 탔던 적이 있는데, 그때 서쪽으로만 부는 바람이 있다는 것을 확인했어. 서쪽으로만 부는 바람이 있다면 반대로 동쪽으로만 부는 바람도 있을 거야."

알 하티브는 고개를 끄덕이고 나서 천체 고도 측정기를 집어 들고 밤하늘에서 북극성을 찾았다. 이렇게 순풍이 부는 곳의 정확한 위도를 측정할 필요가 있었다.

⚜

곤살베스는 벌써 바닥을 드러낸 포도주 병을 부러운 듯 쳐다보고 있는 선원에게 집어던졌다.

"이봐, 식당에 가서 술을 얻어 와. 로이라는 아이에게 내가 보냈다고 하면 술을 줄 거야."

곤살베스는 원래 뱃사람 출신이 아니었다. 싸움터 여기저기를 떠돌며 돈을 받고 칼을 휘둘르던 사람이었다. 곤살베스는 작년 그라나다 전쟁 때에도 참전해 나사리 왕가의 이슬람 군과 싸움을 벌이기도 했었다. 전쟁이 끝나고 여기저기 떠돌아다니다가 술집에서 시비가 붙었고, 급기야 사람을 죽이는 바람에 쫓겨다니던 중 사면을 조건으로 콜럼버스 선단에 들어온 것이었다. 그런 곤살베스는 힘과 배짱으로 어느새 선원들 사이에서 우두머리 노릇을 하고 있었다.

갑판에 모여 있던 선원들이 무표정한 얼굴로 밤하늘을 올려다보았다. 팔로스를 떠난 지 벌써 40일이 지났다. 고메라 섬을 떠난 지도 벌써 열흘이 지났으니 육지를 밟아 본 지 꽤 오래된 셈이었다. 하지만 언제 다시 육지를 구경할 수 있을지 장담할 수 없는 상황이었다. 평생을 바다에서 산 그들이었지만, 누구도 이렇게 오랫동안 바다에 떠 있었던 적이 없었기에 불안한 마음을 가눌 길이 없었다.

"이봐, 겁나나?"

곤살베스가 옆에 있는 선원 카를로스에게 물었다.

"솔직히 겁이 나. 사정이 있어 배를 탔지만 그렇다고 죽고 싶지는 않아."

카를로스가 풀이 죽어 대답했다.

"쳇! 바다가 어떻고 파도가 어떻고 하더니 벌써 겁을 먹었단 말이야?"

곤살베스가 빈정거렸다. 선단이 본격적으로 먼 바다로 들어서자 선원들은 눈에 띄게 동요하고 있었다. 곤살베스도 바다에 대해 별로 아는 바는 없었지만 죽고 싶은 생각은 없었다. 설사 선단이 무사히 동양에 이르러 콜럼버스 제독이 장담하는 것처럼 금과 향신료를 잔뜩 싣고 돌아간다고 해도 하급 선원들에게 돌아오는 것은 별로 없을 것이다.

선원들도 불안해하며 불평을 늘어놓는 판국에 바다라고는 모르고 살아온 곤살베스가 땅을 밟아 보고 싶어하는 것은 너무도 당연했다. 퓌타호에서 일어난 서상 바람은 공식적으로는 키를 고치고 돛을 바꾸는 바람에 예정보다 오래 그란카나리아 섬에 머물렀던 것으로 마무리되었지만, 곤살베스를 비롯한 산타마리아호의 선원들은 진짜 이유를 잘 알고 있었다.

'여차하면 산타마리아호도……'

그런 생각이 곤살베스의 뇌리를 스치고 지나갔다. 하지만 곤살베스는 때가 아니라는 것을 잘 알고 있었다. 평생 싸움터를 떠돌며 살아온 곤살베스였기에 싸움에 있어서는 남다른 감각을 지니고 있었다.

곤살베스에게는 다른 사람에게 없는 불만이 하나 더 있었다. 알 하티브라는 무어 인이 선단의 수석 항해사라는 사실이었다. 들리는 말로는 알 하티브가 나사리 왕가의 왕자라고 했다. 그렇다면 작년 그라나다 전쟁 때 목숨을 걸고 싸웠던 상대가 아닌가.

그런데 목숨을 걸고 싸워서 승리한 자신은 하급 선원이고, 쫓겨난 처지에 개종까지 거부한 자가 수석 항해사라니 너무 불공평했다.

그런 곤살베스에게 흥미 있는 일이 생겼다. 곤살베스는 진작부터 이사벨라가 여자라는 사실을 눈치 채고 있었다. 무슨 사연이 있길래 귀족 출신으로 보이는 미모의 여인이 남장을 하고 배를 탔을까? 곤살베스는 호기심을 억누르며 기회가 있을 때마다 조리실을 엿보고 있었다.

"저것 봐!"
누가 밤하늘을 가리켰다. 유성이 밝은 빛을 발하며 떨어졌다. 나쁜 징조라고 느낀 것인지 선원들은 아무도 입을 열지 않았다.
"유성이 떨어지고 있군요."
왕실 감독관 산체스의 말에 제독실에 모여 있던 사람들의 시선이 일제히 창밖으로 향했다. 과연 유성이 한 줄기 밝은 빛을 내며 어두운 밤하늘을 가로지르고 있었다.
"좋은 징조인 것 같습니다."
코사 선장이 얼른 입을 열었다. 제발 그랬으면 하는 바람을 지나고 있었다. 며칠 전에 배에서 떨어진 것으로 보이는 물체를 발견하기는 했지만, 여전히 보이는 것이라고는 수평선뿐인 바다였다. 그 누구도 가 본 적이 없는 미지의 바다는 확실히 두려움의 대상이었다.

어제는 선단에 작은 소동이 있었다. 새를 발견했다는 보고가 들어온 것이다. 새가 나타났다면 육지가 가깝다는 증거였다. 콜럼버스는 재빨리 뱃머리로 달려갔지만 그 사이에 날아갔는지 새는 보이지 않았다. 선원들은 제비갈매기라느니 열대조라느니 저마다 의견이 달랐다. 정말로 새를 본 것일까? 새들은 육지에서 25레과 이상 떨어져 날지 않는다고 알려져 있다.

희망적인 조짐이지만 너무 큰 기대는 금물이다. 날씨가 흐린데에다 새들이 나타났다는 곳은 수평선 부근이었다. 선원들이 잘못 봤을 수도 있었다. 어쨌거나 선원들에게 희망을 심어 줄 수 있어서 다행이었다.

"사관들이 앞장서서 선원들에게 희망과 용기를 불어넣어 주도록 하시오. 웬만한 잘못은 눈감아 주고 칭찬을 아끼지 말도록! 육지를 처음으로 발견하는 선원에게 포상금을 내걸 생각이오."

콜럼버스는 조금씩 불안해하는 고급 사관들에게 희망을 잃지 말 것을 당부했다.

"아무래도 마르틴 핀손 선장 일이 마음에 걸립니다."

다른 사람들이 모두 물러가고 콜럼버스와 단둘이 남자 알 하티브가 조심스레 입을 열었다. 핀타호의 사건은 너그럽게 용서하고 좋게 끝냈지만, 한번 반기를 들었던 사람들은 또 언제 무슨 짓을 할지 모른다.

"나도 알고 있네. 하지만 핀손가와 손을 잡지 않으면 항해를 할 수 없어. 어차피 잘 수습된 상황에 괜히 일을 크게 만들 필요는 없겠지."

핀손 형제는 각각 핀타호와 니나호의 선장을 맡고 있으며 선원들 중에는 그를 따르는 자들이 많았다. 그에 비하면 콜럼버스는 자기 기반이라고는 없는 떠돌이 외국인에 불과했다. 알 하티브는 콜럼버스 제독의 마음을 읽고는 그 문제를 더 이상 이야기하지 않았다.

방으로 돌아온 알 하티브는 마문의 태엽 시계를 꺼내 들었다. 시계는 여전히 째깍째깍 힘차게 돌아가고 있었다. 오늘이 9월 15일이니 그라나다 천문대에서 계산한 대로라면 26일 후인 10월 11일에는 월식이 있을 것이다. 월식이 일어나고 마문의 시계가 정확하다면 그것으로 경도를 측정할 수 있다. 그리고 경도를 알면 육지에서 얼마나 떨어졌는지 정확한 거리를 알 수 있다. 동양이 얼마나 먼 곳에 있는지는 모르지만 그래도 현재 위치를 정확하게 안다는 것은 항해에 큰 도움이 될 것이다.

아직까지는 항해가 순조로웠지만 언제 무슨 일이 벌어질지 알 수 없었다. 선원들은 점점 불안해했고 혹시라도 항해가 예정대로 되지 않는다면 마르틴 핀손이 어떤 식으로 훼방을 놓을지 알 수 없었다. 왕실에서 파견한 감독관은 처음부터 고운 눈으로 보지 않았다. 선단의 제독이요, 새로 얻게 될 땅의 부왕의 자격을 얻었지만 콜럼버스의 지위는 여전히 불안하기만 했다. 이 상황을 무사히 빠져나가는 길은 오로지 빨리 동양에 이르는 것뿐이라고 알 하티브는 생각했다.

위기의 산타마리아호

사방이 온통 바닷말로 가득했다. 항해를 하다 보면 바닷말이 떠 있는 경우가 있긴 하지만, 이렇게 끝도 없는 바닷말은 처음이었다.

"대단하군. 육지가 가까웠다는 징조 아닐까?"

"기분 나빠. 마치 시퍼런 진흙 위를 가는 기분이야."

선원들이 온통 푸른색으로 가득한 바다를 신기한 듯 내려다보며 한마디씩 했다.

정말 육지가 가까운 것일까. 아니면 지구 끝에 도달했다는 신호일까. 콜럼버스는 스스로도 겁을 먹고 있다는 사실에 놀랐다.

"제독님!"

선원이 흥분해서 달려오더니 콜럼버스 앞에 무언가 내밀었다. 자세히 살펴보니 게였다.

"잡았는가?"

"그렇습니다. 해초 틈에 섞여 있는 것을 건져 올렸습니다."

작은 게는 콜럼버스의 손바닥 위에서 발버둥쳤다. 때가 때인지라 해초에 사는 게를 발견한 것은 콜럼버스에게는 구원자를 만난 것과 같았다.

선단은 부지런히 해조류를 헤치면서 앞으로 나아갔다.

열흘 이상 똑같은 바다, 똑같은 하늘, 똑같은 날들이 이어지면서 선원들은 해초의 바다가 영원히 계속되는 것은 아닐까 몹시 불안해 했다. 그 사이에 여러 종류의 바닷새들이 날아들었고 니나호에서는 돌고래를 잡기도 했지만, 이제 그런 것들은 불안감에 휩싸인 선원들에게 별로 희망이 되지 못했다.

알 하티브는 하루하루 표정이 어두워지는 콜럼버스를 보며 마음이 초조해졌다. 항해에 대해서 그리도 자신감을 드러내던 콜럼버스 제독조차 전혀 예상하지 못했던 해조류의 바다는 끝이 보이지 않았다. 매일 측정하고 있는 항해 거리는 항해가 길어지면서 더 이상 믿을 만한 것이 못 되었다. 세 척의 배에서 각각 기록한 항해 거리는 많은 차이가 있었다.

그 사이에 뱃길도 몇 차례 수정했다. 마르틴 핀손 선장의 요청에 의한 것이었는데, 알 하티브는 콜럼버스 제독이 단호하게 대처하지 못하는 걸 이해하면서도 내심 불만이었다. 왕실 감독관의 동의가 있었다고 해도 콜럼버스 제독은 선단의 최고 지휘관으로서 단호하게 대처해야 했다. 시간이 지날수록 콜럼버스 제독의 지휘력이 조금씩 약해지고 있는 것이 큰 문제였다.

 알 하티브는 벽면을 가득 메우고 있는 지도로 눈을 돌렸다. 토스카넬리가 심혈을 기울여 작성한 지도에는 유럽 대륙과 아프리카 서해안이 제법 정교하게 그려져 있었고, 가로와 세로로 경도와 위도가 정밀하게 그어져 있었다. 그리고 대서양 너머 카타이와 지팡구도 그려져 있었지만, 카나리아 제도 서쪽은 어디까지나 추측으로 작성된 것이었다. 그리고 선단은 지금 90여 명의 목숨을 걸고 추측의 세계를 향해서 나가고 있었다.

 이제 믿을 것은 마문의 시계밖에 없었다. 알 하티브는 생각이 거기까지 이르자 한층 긴장되었다.

⚜

 모두들 잠이 들었는지 갑판은 조용했다. 선원들 모두 일찍 잠자리에 든 것 같았다. 로이는 쥐 죽은 듯 적막한 갑판을 한 바퀴 돌고 주방으로 향했다. 달도 없는 그믐이었기에 더욱 을씨년스러웠다. 로이는 잠들기 전에 이렇게 갑판을 한 바퀴 순찰하는 것이 일과였다.

 이사벨라는 아직 깨어 있었다. 얼굴이 애처로울 정도로 핼쑥했다.

 "갑갑하겠지만 조금만 참으세요. 곧 도착할 거예요."

로이는 이렇게 위로해 주는 수밖에 없었다. 예상 외로 이사벨라는 잘 견뎌 내고 있었다.

"난 힘들지 않아. 그보다는 선원들이 불만을 품지 않을까 걱정이야."

이사벨라는 알 하티브를 믿고 있기 때문인지 항해에 대한 걱정보다는 선원들의 분위기를 걱정하고 있었다. 로이도 선원들의 불만이 점점 높아 가고 있다는 사실을 알고 있었다.

"잠깐, 무슨 소리가 들리는 것 같지 않아요?"

이사벨라와 로이가 서로를 쳐다보았다. 밖에서 인기척이 들렸다.

"알 하티브일 거야."

이사벨라가 얼른 몸을 일으켰다.

"오늘 밤에 잠시 들르겠다고 했어."

이사벨라가 허둥대며 문으로 다가갔다. 로이는 혹시나 싶은 생각에 문을 열려는 이사벨라를 말렸다. 어쩌면 포도주를 얻으려고 내려온 선원일지도 모른다. 로이가 문을 열고서 조심스레 고개를 내밀었다.

"엇!"

그 순간 억센 힘이 로이를 낚아챘다. 로이는 순식간에 밖으로 고꾸라졌다.

"누구야?"

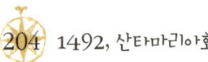

로이는 바닥에 깔린 채 발버둥을 쳤다.

"꼬마야, 조용히 있지 못해!"

곤살베스였다. 곤살베스의 억센 주먹이 로이의 배를 강타하면서 로이는 그만 정신을 잃고 말았다.

로이를 때려눕힌 곤살베스가 성큼성큼 주방으로 들어섰다. 숨을 곳도, 피할 곳도 없었다. 이사벨라는 정신이 아득해서 뒷걸음질을 쳤다.

"흥! 여자인 줄 진작부터 알고 있었다."

곤살베스가 공포에 질려서 어쩔 줄 몰라 하는 이사벨라를 쳐다보며 싸늘한 웃음을 지었다.

"무슨 짓이냐!"

호통 소리가 나더니 알 하티브가 주방으로 뛰어들었다.

"항해사 나리께서 주방에는 웬일이시오?"

곤살베스가 인상을 찡그렸다.

"당장 네 자리로 돌아가거라!"

알 하티브가 명령했다. 곤살베스는 알 하티브를 보며 이상한 생각이 들었다. 상황으로 봐서 자신이 주방에 나타난 것보다는 이사벨라가 여자라는 사실이 더 큰 문제일 텐데, 항해사는 그 점에 대해서는 전혀 놀라지 않고 있었다. 뭔가 이상하다는 것을 느낀 곤살베스가 태도를 돌변해서 알 하티브에게 다가섰다.

"물러서라!"

알 하티브가 지니고 다니는 단검을 뽑아들었다. 선원들은 무장이 금지되어 있지만, 고급 사관들은 단검을 가지고 있을 수 있었다. 아무리 힘이 센 곤살베스라고 해도 칼을 지닌 사람을 상대로 싸울 수는 없었다. 곤살베스는 두고 보자는 듯 묘한 미소를 남기고 주방을 떠났다.

"다치지 않았니?"

이사벨라가 비틀거리며 일어서는 로이에게 달려갔다.

"괜찮아요. 그보다는……."

로이가 걱정스러운 얼굴로 두 사람을 번갈아 쳐다보았다. 이사벨라가 여자라는 사실도, 그리고 알 하티브와 관련이 있다는 사실도 곤살베스가 알아 버린 것이다. 자칫하다가는 알 하티브는 물론 이사벨라의 승선을 눈감아 준 콜럼버스 제독에게도 화가 미칠 수 있었다. 알 하티브의 표정이 어두워졌다.

"진작부터 저자를 경계했어야 했는데……."

알 하티브는 아무래도 곤살베스가 마음에 걸려서 그에 대해 따로 알아본 바가 있었다. 그리고 그라나다 전쟁 때 참전했다는 사실을 알게 되었다. 그렇다면 자신과 서로 죽기 살기로 싸운 사이였다. 그런 자가 이사벨라와의 관계를 눈치 챘다면 일이 쉽게 끝나지 않을 것이다. 알 하티브의 입에서 한숨이 새어 나왔다.

곤살베스는 분을 삭이지 못하고 갑판을 서성였다. 이미 쫓겨난 사람이 어떻게 귀족 출신의 미모의 에스파냐 여인과 한패란 말인가. 그렇지 않아도 알 하티브가 선단의 수석 항해사가 된 것에 불만을 품고 있던 곤살베스로서는 더욱 분통이 터질 일이었다.

수석 항해사와 긴밀한 사이인 콜럼버스 제독이 이 사실을 모를 리 없었다. 제독이 눈감아 준 것이 분명하다는 확신이 들자 곤살베스의 입가에 흐뭇한 미소가 번졌다.

"이봐, 무슨 좋은 일이라도 있어?"

술 생각이 나는지 갑판을 서성이고 있던 카를로스가 곤살베스에게 다가왔다. 같은 처지인 듯 키잡이 에디우손이 뒤를 따르고 있었다.

"아니, 갑자기 밤바다가 좋은 것 같아서."

"별일이군. 이 시퍼런 진흙 구덩이 같은 바다가 좋다니. 도대체 언제쯤 여기를 빠져나가서 고향으로 돌아갈 수 있을까."

카를로스가 푸념을 늘어놓았다. 곤살베스는 번갈아 한숨을 내쉬고 있는 카를로스와 에디우손을 보면서 속으로 쾌재를 불렀다. 잘하면 원수 무어 인을 없앨 수 있을 것이다. 곤살베스는 처음으로 배 타기를 잘했다고 생각했다.

"이봐, 에디우손 말로는 제독이 항해 일지를 엉터리로 작성하고 있는 것 같다던데."

그건 또 무슨 소린가 해서 곤살베스가 고개를 돌렸다.

"며칠 전에 핀타호와 니나호에서 항해 일지를 보내왔지."

에디우손이 조심스레 입을 열었다. 그것은 곤살베스도 알고 있었다.

"삼등 항해사에게 들은 얘긴데, 카나리아 섬에서부터 항해 거리가 배마다 전부 다르다는 거야. 니나호는 440레과, 핀타호는 420레과로 기록했는데 유독 우리 배만 400레과로 기록되어 있다는군."

"그게 그렇게 중요한 거야?"

항해에 대해서 잘 모르는 곤살베스가 고개를 갸우뚱하며 물었다.

"아무리 오차가 있어도 항해 거리가 같은 마당에 40레과나 차이가 날 수는 없어. 제독이 일부러 항해 거리를 줄여서 기록하기 전에는."

에디우손이 단호하게 말했다. 콜럼버스 제독도 선원들의 분위기를 모르지는 않을 테니까 있을 수 있는 일이었다. 그렇다면 그런 콜럼버스 제독을 그대로 놔둔 알 하티브도 한패란 말인가. 곤살베스는 어쩌면 알 하티브도 그라나다 전쟁 때 자신과 같이 싸웠다는 사실을 알고 있을지도 모른다는 생각이 들자, 마냥 좋아할 일이 아니라는 생각이 들었다.

여자가 승선했다는 사실을 폭로해 버리면 어떻게 될까? 콜럼버스 제독이 묵인한 이상, 상황이 꼭 유리하게 돌아간다는 보장이 없었다. 산타마리아호에 승선한 40명 중에서 사관 7명을 제외하고 33명의 선원들 중에는 곤살베스처럼 사면을 조건으로 승선한 자가 8명, 본래부터 핀손 가문에 속해 있던 선원들이 20명, 이런 선원들을 데리고 선상 반란을 일으키기에는 아무래도 무리가 있었다.

선상 반란이라는 게 그리 간단한 일이 아니라는 것은 항해에 대해 잘 모르는 곤살베스도 잘 알고 있었다. 무엇보다도 핀손 가문의 선원들을 끌어들이기가 쉽지 않을 것이다.

곤살베스는 빛을 반짝이며 쫓아오고 있는 핀타호에 시선을 주었다. 마르틴 핀손이 콜럼버스 제독과 대립하고 있고, 핀타호가 고장난 것에 관련이 있다는 사실은 공공연한 비밀이었다.

'지금은 때가 아니야.'

잠시 생각에 잠겼던 곤살베스는 고개를 흔들었다. 아직은 이길 가능성이 없다는 판단이 선 것이다. 곤살베스는 의아한 눈초리로 쳐다보는 두 사람에게서 시선을 돌리며 때를 기다리기로 했다.

더 이상 해조류는 보이지 않았다. 마침내 선단은 해조류의 바다를 빠져나온 것이다. 그 사이에 시간은 흘러서 어느새 10월 10일이 되었다. 팔로스를 떠난 지 두 달하고도 일주일이 지났고 카나리아 제도를 출항한 지도 한 달이 넘었다. 선원들은 그동안 육지 한번 구경하지 못한 채 바다에 떠 있는 중이었다.

바람은 여전히 순풍이었고 산타마리아호는 이상하리만치 조용했다. 몇 차례 육지를 발견했다는 흥분된 외침이 있었지만 달려가 보면 수평선 부근의 구름이거나 선원의 착각에서 비롯된 소동이었다. 육지는 여전히 그 어디에도 보이지 않았다. 이제는 가끔씩 찾아드는 바닷새도 그리고 최초로 육지를 발견하는 선원에게 포상을 하겠다는 공고도 선원들에게 더 이상의 의욕을 불러일으키지 못하고 있었다.

고급 사관들 사이에서도 답답해하는 기색이 역력했다. 왕실 감독관 산체스도 아예 선실에 틀어박혀 나오지 않았고, 코사 선장도 초조한 듯 얼굴빛이 밝지 않았다.

"핀타호에서 연락이 왔습니다."

알 하티브가 콜럼버스의 눈치를 살피며 마르틴 핀손이 보내온 소식을 전했다.

"항로를 북쪽으로 수정하자고 합니다."

산타마리아호에서 고급 사관들의 회의가 열릴 때마다 마르틴 핀손은 번번이 콜럼버스와 충돌을 일으키고 있었다. 국왕의 신임만 있을 뿐 자체 기반이라고는 없는 외국인에 불과한 콜럼버스에 비해서 핀손은 두 척의 배를 소유한 데에다 많은 선원들을 거느리고 있었다. 항해가 실패로 돌아가도 콜럼버스는 잃을 것이 없었지만, 대대로 팔로스의 커다란 장사꾼으로 자리를 잡고 있는 핀손 가문은 몰락할 수밖에 없었다. 마르틴 핀손과 비센테 핀손, 그리고 프란체스코 핀손 등 항해에 참가한 핀손 가문의 사람들은 눈에 띄게 초조해 하고 있었다.

"안 돼."

콜럼버스가 고개를 세게 흔들었다. 항해에 관해서는 더 이상 양보도 타협도 할 수 없다는 생각이었다. 그의 요청에 따라서 이미 한 차례 항로를 수정했던 터였다. 강력하게 대응할 것을 주장하던 알 하티브는 막상 콜럼버스가 강경하게 나오자 마음이 조마조마했다. 선단의 실제 세력인 마르틴 핀손과의 대립은 항해가 실패로 돌아감을 의미했다.

항해 자체는 순조로웠고 물자도 풍부했다. 수석 항해사로서 임무를 수행하는 데 어려움이 없었다. 하지만 선단의 분위기는 날로 험악해졌다. 알 하티브는 곤경에 빠진 콜럼버스 제독을 더 적극적으로 도울 수 없는 게 안타까웠다.

"도대체 여기가 어딜까?"

콜럼버스가 답답한 듯 지도로 눈길을 돌리며 중얼거렸다.

"도대체 얼마나 왔을까? 동양까지는 얼마나 남았을까?"

사관들과 선원들에게는 곧 동양이 나타날 것이라고 장담했지만 수석 항해사에게만은 솔직한 심정을 감출 수 없었다. 일정대로라면 벌써 동양에 도착했을 텐데 여전히 보이는 것은 수평선뿐 사방 어디에도 육지는 없었다.

"곧 정확한 위치를 알아내겠습니다."

콜럼버스 제독은 그게 무슨 소리냐는 듯 쳐다보았지만 알 하티브는 설명하지 않았다. 내일 월식이 일어날지, 그래서 경도를 측정할 수 있을지 확실한 것이 아니었기에 알 하티브는 섣불리 말을 꺼낼 수 없었다.

바다에서 경도를 측정한다고 생각하니 알 하티브는 벌써부터 가슴이 뛰었다. 일찍이 그 누구도 해 본 적이 없는 일일 것이다.

알 하티브는 지팡구와 카타이가 토스카넬리의 지도에 표시된 곳보다 훨씬 먼 곳에 있을 것이라고 생각했다. 아마도 콜럼버스 제독도 같은 생각일 것이다. 그렇다면 콜럼버스 제독은 동양까지의 실제 거리를 어느 정도로 예측하고 있을까? 그 점은 수석 항해사인 알 하티브 자신에게도 밝히지 않고 있었다.

예상했던 것보다 훨씬 먼 곳까지 왔다면, 혹시 괜한 것을 밝혀서 항해에 나쁜 영향을 미치는 것은 아닐까.

최근 들어 선원들은 이상하리만치 조용했는데 그게 오히려 더 불안했다. 아직도 콜럼버스 제독을 따르는 선원들의 세력이 만만치 않기에 섣불리 선상 반란을 일으키지는 못하겠지만, 항해가 예상보다 길어지고 콜럼버스 제독도 실제 항해 거리를 줄여서 기록하고 있는 상황에 공연한 일을 벌여서 사태를 악화시킬 수도 있었다.

위도 측정을 끝낸 알 하티브는 자신에게 눈길조차 주지 않는 선원들을 보며 우울한 마음으로 제독실로 향했다.

"선원들의 사기를 올려 줄 필요가 있습니다."

알 히티브는 배 안의 분위기를 돌려서 얘기했다.

"알고 있네. 그래서 포상금을 올리기로 했네."

그 말에 우울했던 알 하티브의 마음이 조금 풀어졌다.

"수석 항해사는 동양에 남겠다고 했는데 지금도 그 생각에 변함이 없나?"

콜럼버스가 느닷없이 물었다.

"그렇습니다. 이사벨라와 저는 어디에서도 받아 주지 않는 사람들입니다. 새로운 땅에서 새로운 삶을 찾겠습니다."

알 하티브는 확고하게 대답했다.

"솔직히 토스카넬리의 지도는 정확하지 않습니다. 선단은 지금 예정했던 곳에서 한참 떨어진 곳을 항해하고 있습니다."

알 하티브는 내친김에 입을 열었다. 선단은 두 달째 망망대해를 항해하고 있었다. 아직까지는 순풍이고 식량이 남아 있지만 계속 이렇게 바다를 떠돌다가는 언젠가는 식량이 떨어질 것이고 풍랑을 만나게 될 것이다.

"나도 알고 있네. 신의 뜻에 맡기는 수밖에. 아, 도대체 동양은 어디에 있단 말인가."

콜럼버스가 그답지 않게 풀이 죽어서 말했다.

"내일이면 정확한 경도를 알 수 있을 겁니다."

알 하티브가 결심한 듯 말머리를 꺼냈다. 콜럼버스가 의아한 눈빛으로 알 하티브를 쳐다보았다.

"아주 정교한 태엽 시계를 갖고 있습니다. 그리고 그라나다 시간으로 10월 11일 오후 9시에 월식이 일어날 것입니다."

"월식이 일어날 것이라고? 그리고 정교한 태엽 시계라……."

콜럼버스가 눈을 휘둥그레 떴다.

"그라나다 천문대에 있었을 때 월식이 일어날 것을 예측했던 적이 있었습니다. 정확한 시각과 그라나다 천문대의 정확한 경도를 알고 있으니 월식이 일어나는 시각을 정확하게 측정하기만 하면 이곳의 경도를 알 수 있을 겁니다."

"하지만 태엽 시계라면 오차가 클 텐데……. 정확한 경도를 측정할 수 있을까?"

콜럼버스의 목소리가 떨렸다.

"이 시계를 만든 마문은 그 누구와도 견줄 수 없을 만큼 뛰어난 시계공입니다. 틀림없이 정확한 시각을 나타내 줄 겁니다."

알 하티브는 신념을 담아 대답했다.

"하늘이 나를 도와 수석 항해사를 보내 주셨군. 세상에, 바다에서 경도를 측정할 수 있다니. 꿈만 같은 소리야. 내일 밤이 기다려지네."

콜럼버스가 한껏 고조된 목소리로 알 하티브를 힘껏 껴안았다.

✤

"모두 모였나?"

곤살베스가 주위를 둘러보며 자리를 잡았다. 돛대 아래에 산타마리아호의 선원 33명 중에서 20명 가량이 비장한 표정으로 모여 있었다.

"출항한 지 두 달이 지났다. 그런데 동양은커녕 무인도 하나 구경하지 못했다. 언제까지 이 악마 같은 바다에 떠 있어야 하는가!"

곤살베스가 불만에 찬 선원들을 부추기기 시작했다. 때가 왔다고 판단한 것이다. 핀타호와 니나호가 과연 뜻을 같이할지 마음에 걸려 눈치를 보고 있었는데, 오늘 낮에 콜럼버스 제독이 항로를 수정하자는 마르틴 핀손 선장의 제안을 거절했던 것이다. 곤살베스는 그것으로 이유는 충분하다고 판단했다. 콜럼버스 제독은 자신의 욕심 때문에 90명에 달하는 선원들을 죽음의 길로 몰아넣고 있는 것이다. 산타마리아호를 장악하면 핀타호와 니나호는 에스파냐로 돌아가는 데 동의할 것이란 확신이 섰다.

"핀타호의 마르틴 핀손 선장과 니나호의 비센테 핀손 선장 형제도 우리와 뜻을 함께하고 있다."

선상 반란을 일으키려는 일당들은 모두 사면을 조건으로 승선한 선원들과 핀손 가문에 속해 있는 선원들이었다. 곤살베스도 마찬가지지만 사면을 조건으로 승선한 자들은 막다른 곳이라는 심정으로 선상 반란에 적극적인 반면, 핀손 가문 출신들은 선상 반란이 얼마나 엄청난 일인지 잘 아는지라 머뭇거리고 있었다. 그러나 그들의 주인인 핀손 형제가 제독에게 반기를 든다면 상황은 달랐다. 그렇게 되면 그들에게는 선상 반란이 아니었다. 핀손 가문의 선원들은 핀손 형제가 산타마리아호의 선상 반란에 뜻을 같이할 것이란 곤살베스의 말에 고개를 끄덕였다.

"허황된 꿈을 꾸는 떠돌이 외국인 때문에 아까운 목숨을 버릴 수는 없어."

곤살베스는 선원들의 눈빛을 보며 쾌재를 불렀다. 오늘 낮에는 그동안 잔잔하기만 했던 바다에 파도가 일면서 배가 심하게 흔들렸다. 그러면서 선원들 사이에서 지구 끝이 가까워졌다는 흉흉한 소문이 떠돌고 있었다. 여기에 핀손 형제와 콜럼버스 제독 사이의 불화가 확실해졌으니 이보다 더 좋은 때는 없었다.

"사관들은? 항해사가 없으면 배를 몰 수 없잖아?"

누군가가 물었다.

"콜럼버스 제독과 코사 선장만 유인해 물속에 처넣으면 돼."

곤살베스는 벌써 거기까지 계획하고 있었다.

"술에 취해서 바다에 떨어졌다고 하면 왕실 감독관도 더 이상 문제 삼지 않을 거야. 그들도 돌아가기를 원하고 있어."

콜럼버스 제독에게 사고가 있을 경우에는 마르틴 핀손이 대신 선단을 지휘하도록 되어 있었다. 그렇게 되면 마르틴 핀손은 배를 돌릴 것이고 모든 책임은 죽은 콜럼버스에게 돌아갈 것이다. 선원들의 얼굴에 일제히 밝은 빛이 서렸다.

"간단한 일이군. 두 사람만 처치하면 되단 말이지?"

카를로스가 당장 달려갈 듯 어깨를 으쓱이며 말했다.

"아니, 한 사람이 더 있어. 수석 항해사도 없애 버려야 해. 단, 그자는 내가 직접 처치하겠어."

곤살베스가 음흉한 웃음을 지었다.

"여기 있는 사람들만으로 충분할까?"

막상 일을 벌인다고 하니까 카를로스가 조금 불안한 모양이었다.

"충분해. 내일 밤 10시에 실행한다. 그렇게 알고 각오 단단히 하고 있어. 무기고를 습격해 무기를 빼앗은 뒤, 제독실로 달려갈 거니까."

애초부터 거리를 두고 대했던 외국인 선원, 그리고 근무 중이어서 이 자리에 참석하지 않은 선원들, 그들을 모두 합치면 여기에 모여 있는 사람들과 같은 수가 된다. 그들이 콜럼버스 제독의 편을 든다면 일이 간단히 끝나지 않겠지만 기습을 하면 가능성이 있다. 그리고 대세가 기울었다고 판단되면 순순히 한편이 될 것이다. 왕실 감독관과 기록관도 마찬가지일 것이다. 제독과 선장, 수석 항해사를 모두 없애고 나면 배를 운항할 사람이 없지만, 핀타호나 니냐호의 항해사가 옮겨 타면 될 것이다. 곤살베스는 흐뭇한 미소를 지었다.

⚜

다음날, 아침 식사를 준비하는 내내 로이와 이사벨라, 파블로는 말이 없었다. 불안하고 불길한 날이 지루하게 이어지고 있었다.

"곤살베스가 가만히 있는 게 더 불안해요."

로이가 고기를 썰던 칼을 내려놓으며 말했다.

"내가 보기에도 그냥 넘어갈 자가 아니야. 뭔가 일을 꾸미고 있는 것 같아. 선원들 분위기도 심상치 않아."

파블로도 걱정이 되는지 긴 한숨을 내쉬었다.

"혹시 알 하티브에게 무슨 일이 생기는 건 아닐까요?"

이사벨라가 걱정이 되어 파블로를 쳐다보았다.

"수석 항해사는 콜럼버스 제독에게 신임을 얻고 있으니 곤살베스도 섣불리 행동하지 못할 거야. 하지만 핀타호와 니냐호가 드러내 놓고 제독에게 반기를 들고 있어서 걱정이야. 툭하면 항로를 변경하자고 하고, 멋대로 선단을 벗어나기도 하고."

핀손 가문에서 공공연히 반기를 드는 마당에 산체스 감독관도 수시로 닦달하고 있다고 했다. 콜럼버스 제독과 알 하티브 수석 항해사는 사방에서 궁지에 몰리고 있었다.

"어떻게 하지요?"

로이는 불안해하는 이사벨라에게 다가갔다.

"한시 바삐 육지를 찾는 수밖에 다른 방법이 없지. 선원들도 크게 동요하고 있어."

파블로인들 뾰족한 수가 있을 리 없었다. 빨리 동양에 도착하든지 아니면 돌아가든지 결정하기 전에는 근본적으로 사태를 해결할 방법이 없었다. 에스파냐 왕실과 선원들에게 약속했던 날짜는 벌써 지났는데 선단은 여전히 바다를 헤매는 중이었다.

이제 와서 뱃머리를 돌린다고 무사히 고향으로 돌아갈 수 있을지 그것도 의문이었다. 계속해서 서쪽으로만 부는 순풍은 진작부터 선원들에게 공포의 대상이었다.

"혹시 무슨 일이 벌어지는 것은 아니겠지요?"

로이가 이사벨라의 손을 꼭 잡으면서 물었다.

"글쎄, 아무튼 내일, 모레가 고비일 것 같구나. 식량도 얼마 남지 않았어. 그러니 그 사이에 육지를 찾지 못하면 돌아가는 수밖에 없는데, 콜럼버스 제독이 순순히 배를 돌릴지 걱정이구나. 선원들도 식량 사정을 알고 있을 거야."

파블로가 침울한 표정으로 대답했다. 로이는 콜럼버스 제독이 절대로 돌아가지 않을 거란 사실을 잘 알고 있었다.

불안과 실망감으로 로이도 혼란스러웠다.

1492년 10월 11일. 아직 해는 뜨지 않았고 배는 조용했다. 과연 언제까지 고요함이 계속될까. 로이는 가슴이 답답했지만 자신이 할 수 있는 것은 아무것도 없었다. 로이는 될 대로 되라는 듯 몸을 뉘었다. 팔로스에서 돌아올 날만 애타게 기다리고 계실 엄마 얼굴이 떠올랐다.

"이걸 지니고 있거라. 혹시나 싶어서 몰래 숨겨 두었단다."

파블로가 마루 밑에서 단검을 꺼내어 로이에게 건넸다.

"선원들의 움직임이 심상치 않습니다."

코사 선장이 제독실로 황급히 들어섰다. 제독실에는 콜럼버스 제독과 알 하티브 수석 항해사가 지도를 들여다보고 있었다.

"아무래도 핀타호와 니나호에 연락해 대책을 마련하는 게 좋을 것 같습니다."

코사 선장의 말에는 선단을 한군데로 모아 혹시 있을지도 모를 선상 반란을 서로 감시하고 항해를 계속할지 결정짓자는 뜻이 포함되어 있었다. 말하는 투로 봐서 산체스 왕실 감독관과는 이미 합의가 된 듯했다.

"핀타호와 니나호와의 거리는 지금 그대로 유지한다. 필요하면 고급 사관 회의는 열겠지만 일정은 따로 정하겠다."

콜럼버스가 코사 선장의 건의를 거부했다. 강하게 대응하기로 이미 마음을 정한 터였다. 코사 선장의 마음은 이해하지만 핀손 형제도 믿을 수 없는 상황이었다. 섣불리 접근시켰다가 오히려 화를 자초할 수도 있었다. 식량을 생각하더라도 마냥 앞으로 나아갈 수만은 없었다. 항해 여부에 대해서는 이미 마음속으로 정한 바가 있었다. 그 순간까지 결코 흔들리지 않으리라 콜럼버스는 다짐했다.

코사 선장은 불만스러운 듯 제독실을 나섰다. 알 하티브는 걱정이 되어 콜럼버스를 쳐다보았다.

"분위기가 심상치 않습니다. 다음 기회를 기약할 수도 있지 않습니까. 여기까지의 항로에 대한 자료를 얻은 것만으로도 큰 수확이라고 생각합니다."

알 하티브는 여기서 돌아간다면 동양에 이사벨라와 둘만의 보금자리를 꾸미려는 계획은 수포로 돌아갈 것을 잘 알고 있었다. 하지만 선상 반란이 일어나면 살아남기도 힘들 것이다. 아쉽지만 여기서 그 꿈을 접고 뒷날을 기약하는 게 좋겠다는 판단이었다. 곤살베스가 선원들을 선동하고 있다는 사실을 알 하티브는 알고 있었다.

그러나 콜럼버스는 고개를 세차게 흔들었다.

"여기까지 오기 위해서 무수한 세월 동안 여러 나라를 오가며 갖은 고생을 다 겪었어. 이대로 허무하게 돌아갈 수는 없어."

콜럼버스의 눈에서 망설임 따위는 찾아볼 수 없었다.

"선원들의 움직임이 심상치 않다는 것도, 식량이 별로 남아 있지 않다는 사실도 알고 있다. 내게도 생각이 있어."

콜럼버스가 지도로 눈길을 돌렸다.

"토스카넬리의 지도가 사실과 다르다는 것은 진작부터 나도 알고 있었네. 그래서 동양까지의 거리를 나름대로 계산해 놓은 것이 있지."

알 하티브 눈에 비친 콜럼버스 제독은 무모한 사람이 아니었다. 그것을 잘 알고 있기에 알 하티브는 긴장해서 그의 다음 말을 기다렸다.

"오늘 밤에 경도를 측정하겠다고 했나? 좋아, 그 결과를 보고 항해 여부를 결정하겠다. 내가 예상하고 있는 거리를 넘어섰다면 무슨 일이 있어도 강행할 것이고, 그렇지 못하다면 미련 없이 배를 돌리겠다."

알 하티브는 콜럼버스의 마음 상태를 충분히 이해할 수 있을 것 같았다.

긴장된 순간이 지나고 다시 밤이 찾아왔다. 참으로 길고도 힘들었던 하루였다. 이제 반란은 피할 수 없게 되었다. 선원들은 이미 사관들의 통제를 벗어나 있었다. 얼마 전까지만 해도 배를 돌린다고만 하면 그들의 불만과 분노를 달래 줄 수 있었는데 콜럼버스 제독이 이를 거부함으로써 이제는 그것도 불가능하게 되었다.

알 하티브는 한숨을 내쉬었다. 선상 반란이 일어나면 진압할 수 있을까. 믿을 수 있는 사람들은 불과 십여 명에 불과했다. 감독관과 기록관도 적극적으로 진압에 나서지 않을 것이다. 선상 반란이 일어나면 콜럼버스 제독과 코사 선장, 수석 항해사인 자신은 살아남기 힘들 것이다. 그럼 이사벨라는? 알 하티브는 더 이상 생각하기 싫었다. 지금은 월식을 확인하고 경도를 측정하는 게 최우선이었다.

"그럼 나가지."

콜럼버스가 자리에서 일어섰다. 알 하티브는 천체 고도 측정기와 마문의 시계, 그리고 계산 도구를 챙겨 들고 콜럼버스를 뒤따랐다. 가슴이 터질 듯 마구 뛰었다. 그라나다 천문대 시절 계산한 바로는 월식이 현지 시각으로 10월 11일 오후 9시 12분에 일어나는 것으로 되어 있었다.

밤하늘에 별들이 총총했다. 그리고 보름달이 환하게 떠 있었다. 알 하티브는 밤하늘을 올려다보고 심호흡을 한 뒤 천체 고도 측정기를 들고 북극성의 고도를 측정하기 시작했다. 우선 위도부터 정확하게 잴 필요가 있었다.

그 무렵 선원들은 하나 둘씩 약속했던 돛대 아래로 몰려들었다. 모두들 비장한 얼굴이었다. 곤살베스가 모여든 선원들을 둘러보며 만족한 웃음을 지었다. 예상보다 많은 숫자였다.

"모두들 모였군. 좋아, 계획대로 한다."

곤살베스의 눈에서 살기가 일었다.

"떠돌이 미치광이 외국인 때문에 아까운 우리의 목숨을 희생할 수는 없다. 동양은 없다. 지금 뱃머리를 돌리지 않는다면 모두 죽게 될 것이다."

"제독을 바다에 처넣자!"

"당장 무기고로 달려가자!"

곤살베스의 말이 떨어지기가 무섭게 사방에서 호응했다.

"좋다! 가자!"

곤살베스가 큰 소리로 외치며 앞장섰다.

"꼼짝 마라! 더 이상 접근하면 발포하겠다!"

무기고에 이르자 코사 선장이 호통을 쳤다. 선장을 따르는 선원들이 총을 겨눈 채 심지에 불을 붙일 채비를 했다. 일부는 화살을 꺼내 들고 반란을 일으키려는 선원들을 겨누었다.

"흥! 그래 봤자 우리를 당해 내지 못할걸!"

곤살베스가 코웃음을 쳤다. 무기고를 먼저 차지했다고 하지만 코사 선장 외에 겨우 여섯 명에 불과했다. 대부분 외국인 선원들이었다. 그에 비해서 자신을 따르는 무리는 모두 스무 명이 넘었다. 총과 화살은 없지만 모두들 무기가 될 만한 몽둥이와 장대를 지니고 있었다. 사람 숫자가 많은 유리한 싸움이었다.

"이봐, 싸움은 이미 결판났어. 핀타호도 니나호도 우리와 뜻을 함께하기로 했어. 공연히 아까운 목숨 잃지 말고 순순히 물러서. 나머지는 우리가 다 알아서 할 테니."

곤살베스가 다가서며 협박하자 마지못해 총을 들고 대항하던 외국인 선원들이 슬금슬금 뒤로 물러섰다. 그들도 대세가 기울었다는 것을 알고 있었다. 코사 선장이 칼을 뽑아 들고 물러서지 말 것을 명령했지만, 겁에 질린 그들의 귀에는 아무것도 들리지 않았다.

드디어 도착하다

이즈음 주방의 세 사람도 선상에서 반란이 일어나고 있다는 사실을 알아챘다.

"끝내 일이 벌어졌군. 이리로 몰려올지도 모르겠는걸."

파블로가 주방 밖을 살피고는 단검을 꺼내 들었다. 문을 걸어 잠갔지만 얼마든지 부수고 들어올 수 있었다.

"차라리 갑판 위로 가서 제독과 합류하는 게 어떨까요? 반란에 가담하지 않은 사람들도 꽤 있을 텐데."

"나도 같은 생각이다만 그럼 이사벨라는 어떻게 하고?"

"알 하티브에게 가겠어요. 그와 최후를 함께하겠어요."

이사벨라가 굳은 의지로 대답했다. 이사벨라는 더 이상 떨지 않았다.

"좋아. 그렇다면 제독실로 가자."

파블로가 앞장을 서고 그 뒤를 로이와 이사벨라가 따랐다. 모두들 갑판에 몰려 있는지 주변은 조용했다. 세 사람은 조심스레 갑판으로 오르는 계단으로 향했다.

갑판으로 올라오자 무기고 쪽에서 고함 소리가 들렸다. 곤살베스 일당이 무기고를 점령하려는 모양이었다.

별들이 밤하늘을 찬란하게 수놓고 있었다. 달빛은 휘영청 환하게 침묵의 바다를 비추고 있었고, 저 멀리서 핀타호와 니냐호의 불빛이 깜빡거리고 있었다.

콜럼버스 제독과 알 하티브가 배꼬리 지휘대 위에 서 있는 모습이 눈에 들어왔다. 제독과 수석 항해사는 대체 이 소동 속에 무얼 하고 있는 걸까. 세 사람은 지휘대로 뛰어 올라갔다.

"알 하티브!"

이사벨라가 천체 고도 측정기로 북극성의 고도를 재고 있는 알 하티브에게 달려들었다.

"이사벨라!"

알 하티브가 얼른 천체 고도 측정기를 내려놓고서 이사벨라를 껴안았다.

"이제 우리는 어떻게 되는 건가요?"

"걱정하지 마. 다 잘될 거야."

알 하티브가 이사벨라의 등을 가볍게 두드렸다. 알 하티브의 말대로 잘 해결되기를 지휘대에 모여 있는 사람들 모두 한마음으로 빌었다.

"제독!"

코사 선장이 하얗게 질린 얼굴로 지휘대에 뛰어 올라왔다.

"진압에 실패했습니다. 곧 이리로 몰려올 겁니다."

콜럼버스는 눈을 감았다. 예상하지 못했던 일은 아니지만 너무도 허망했다. 여기까지 오는 데 얼마나 오랜 세월 동안 수많은 공을 들였던가.

"산체스 감독관이 선원들을 달래고 있습니다. 지금이라도 배를 돌린다면 선원들을 진정시킬 수 있을지 모릅니다."

코사 선장이 애원하듯 말했다. 감독관도 저들과 손을 잡았으니 에스파냐로 돌아간 후에도 문제 될 것이 없었다.

쿵쿵거리는 소리와 함께 곤살베스를 선두로 무장한 선원들이 지휘대로 몰려들었다.

"무슨 짓이냐! 당장 자리로 돌아가거라!"

콜럼버스가 호통을 쳤지만 선원들은 들은 체도 하지 않았다. 산타마리아호는 이미 곤살베스가 장악하고 있었다. 그들 뒤로 산체스 감독관과 기록관의 모습이 보였다. 이미 한패가 된 것이다.

"지금 돌아가면 여태까지의 일에 대해서는 일체 책임을 묻지 않겠다. 하지만 계속 난동을 부릴 때에는 선단의 제독으로서 지위에 상관없이 엄벌에 처하겠다."

"제독, 더 이상 이들을 자극하지 마시오!"

산체스 감독관이 앞으로 나서며 타협을 거부하는 콜럼버스에게 핀잔을 주었다.

"간신히 이들을 설득했소. 지금이라도 배를 돌리면 모두 제자리로 돌아가겠다고 했소. 그리고 나는 이들의 행동에 책임을 묻지 않겠다고 약속했소."

산체스 감독관이 잘못하면 저들의 손에 목숨을 잃을 수 있음을 알렸다. 이제 콜럼버스와 알 하티브를 따르는 선원은 파블로와 로이, 그리고 이사벨라뿐이었다.

선원들이 횃불을 들고 다가왔다. 살기가 등등했다. 콜럼버스는 정신이 아득했다. 이미 선택의 여지는 없었다. 산체스 감독관은 선원들을 설득했다고 하지만, 막상 선원들은 타협에 별 흥미가 없어 보였다. 굳이 설득할 필요가 없었던 것이다.

"꾸물댈 것 없다. 제독을 바다 속으로 처넣어."

곤살베스가 앞으로 나섰다.

"그리고 저 무어 인은 내 손으로 처단하겠어."

곤살베스가 잔인하게 웃었다. 횃불에 칼이 번쩍였다.

"알 하티브!"

이사벨라가 쓰러질 듯 비틀거리며 알 하티브의 곁으로 다가갔다. 최후의 순간이었다. 그토록 큰소리치던 콜럼버스 제독도 상황을 돌이킬 수 없다고 판단했는지 창백해진 얼굴로 아무 말이 없었다.

모두들 숨죽인 순간에, 갑자기 하늘이 어두워지기 시작했다. 모두들 놀라서 하늘을 올려다보았다.

"월식이다!"

누군가가 소리쳤다. 과연 환한 보름달이 태양의 그림자에 가려지면서 월식이 진행되고 있었다. 갑작스런 월식에 당황했는지 기세등등하게 몰려오던 선원들이 겁에 질린 얼굴로 서로를 쳐다보았다.

알 하티브는 가슴이 뛰었다. 예측은 정확했던 것이다. 월식은 빠른 속도로 진행되었다. 순식간에 개기 월식이 일어나면서 밤하늘의 별이 더욱 총총하게 빛을 발했다.

알 하티브는 달이 지구의 그림자에 완전히 가려지는 것을 확인하고 얼른 마문의 시계를 열고 시각을 확인했다. 알 하티브는 자신의 처지도 잊은 채 부지런히 손을 놀렸고 콜럼버스는 긴장한 채로 이를 지켜보고 있었다.

"알아냈나?"

콜럼버스가 떨리는 음성으로 물었다. 알 하티브가 고개를 끄덕이고는 산타마리아호의 좌표가 찍힌 지도를 콜럼버스에게 건넸다.

콜럼버스는 심호흡을 하고 지도에 찍힌 점을 응시했다. 알 하티브가 찍은 점은 신기하게도 지도에서 하얀빛을 발하고 있었다.

'저 위치라면……'

콜럼버스는 눈을 감았다.

월식은 오래가지 않았다. 달이 지구의 그림자에서 벗어나면서 다시 밤하늘을 환하게 비추었다.

"별것 아니야. 잠시 월식이 일어났을 뿐이야."

곤살베스가 선원들을 안심시켰다. 잠시 주춤했던 선원들이 다시 살기를 띠고 다가왔다.

콜럼버스는 눈을 감은 채 꼼짝도 하지 않았다. 측정된 경도에 의하면 선단은 자신이 진작에 예측했던 동양을 이미 지나친 상태였다.

과연 어둠 저편에 육지가 있는 것일까. 콜럼버스는 자신의 신념을, 그리고 수석 항해사 알 하티브의 능력을 믿기로 했다.

콜럼버스가 눈을 떴다. 눈에서 번쩍 빛이 일었다. 다가오던 곤살베스가 그 서슬에 놀라서 주춤하며 걸음을 멈추었다.

"모두들 듣거라!"

콜럼버스의 목소리에 강한 힘이 실려 있었다.

"우리는 벌써 동양에 이르렀다. 어두워서 보이지 않을 뿐, 육지는 가까이에 있다. 선단의 제독으로서 약속하겠다. 자리로 돌아가면 잘못은 묻지 않겠다."

콜럼버스의 돌연한 태도 변화에 선원들과 사관들은 어이가 없다는 듯 잠시 멍한 표정이 되었다.

"헛! 이 판에 허세를 부리겠다는 건가? 좋아, 내가 직접 처리하지."

곤살베스가 콜럼버스를 번쩍 들어서 검푸른 바다 속으로 집 어던질 작정으로 살기 어린 눈으로 다가왔다. 이제 피할 길은 없었다.

쿵!

그때 조금 떨어져 따라오던 핀타호에서 대포가 발사되었다.

흥분이 극에 달해 있던 사람들은 대포가 발사된 의미를 금세 깨닫지 못했다.

"육지를 발견했나 봐요!"

로이가 소리쳤다. 그제야 사람들은 대포 소리의 의미를 깨닫고 일제히 밤바다로 눈을 돌렸다.

"저기 불빛이 보여요."

이사벨라가 흥분을 억누르며 알 하티브의 손을 잡아끌었다. 과연 검푸른 바다 저편에서 불빛 하나가 반짝반짝 움직이는 것이 눈에 들어왔다. 별빛이 아닌 것은 분명했다. 아마도 누가 등불을 들고 어두운 밤길이라도 걷는 모양이었다. 불빛은 배에서 일어나는 소동 따위는 아랑곳 없다는 듯 천천히 그리고 규칙적으로 움직였다. 육지가 분명했고, 사람 손에 의해서 움직이는 게 확실했다.

"육지다! 우리는 마침내 동양에 도착했다!"

콜럼버스가 큰 소리로 외쳤다.

"모두들 제자리로 돌아가라. 당장 돌아가면 제독의 지시대로 이번 일의 잘못은 묻지 않겠다."

코사 선장이 호통을 치자 선원들이 하나 둘씩 제자리로 돌아갔다. 꿈에도 그리던 동양에 마침내 도착한 것이다. 금은보화가 넘치고 귀한 향신료가 가득한 땅에 발을 디디게 된 이상 선원들은 더 이상 난동을 부릴 이유가 없었다. 곤살베스는 크게 당황하며 선원들 사이로 몸을 숨겼다.

"제독!"

산체스 감독관이 언제 그랬냐는 듯 표정을 바꾸고 달려왔다.

"마침내 동양을 찾았소. 폐하께서 몹시 기뻐하실 것이오."

"축하합니다."

코사 선장이 미소를 지으며 손을 내밀었다. 콜럼버스는 먼저 알 하티브를 챙겼다.

"수석 항해사를 믿었지만 그래도 이렇게 정확하게 월식을 예측하고 경도를 측정할 줄 몰랐네. 육지를 발견한 모든 공은 자네에게 돌리겠네."

콜럼버스가 알 하티브의 손을 힘껏 잡았다. 그리고 그를 꼭 껴안고 있는 이사벨라에게 시선을 돌렸다. 남장을 하고 있지만 한눈에 미모의 여인이라는 사실을 알 수 있었다.

"그라나다 귀족 출신이라고 들었소. 그동안 고생이 많았겠군. 알 하티브의 말대로 동양에 머무를 생각인가?"

이사벨라가 가만히 고개를 끄덕였다.

"다시 돌아갈 때 동양에 남기를 원하는 선원들은 남겨 놓을 생각이네. 식민 도시를 건설할 계획이지. 그들과 함께 지내겠는가?"

"괜찮습니다. 상륙하는 대로 이사벨라와 함께 미지의 땅에서 각자의 신앙을 존중하며 우리 둘만의 보금자리를 마련하겠습니다."

알 하티브가 차분하게 대답했다. 콜럼버스가 이해한다는 듯 알 하티브의 어깨를 가볍게 두드리고 갑판 쪽으로 향했다. 선원들이 모두 모여 콜럼버스의 지시를 기다리고 있었다. 어둠 속에서도 육지의 모습이 뚜렷이 눈에 들어왔다. 콜럼버스는 앞을 가로막고 선 육지를 바라보며 힘차게 입을 열었다.

"날이 밝는 대로 상륙할 것이다. 준비를 소홀히 하지 마라!"

콜럼버스의 지시가 떨어지자 선원들은 부지런히 몸을 움직였다. 육지, 그렇게도 원하고 바라던 육지가 눈앞에 있다.

"고맙다. 네게 그 말을 꼭 해야 할 것 같구나."

알 하티브가 멍하니 육지를 바라보고 있는 로이의 어깨에 손을 얹으며 말했다. 옆에서 이사벨라가 미소를 지었다.

"이제 곧 헤어지게 되겠군요. 동양이라는 새로운 세계가 두 분에게 좋은 곳이기를 바랄게요."

생사의 고비를 함께 넘으며 정든 사람들이기에 로이는 헤어지기가 섭섭했다.

"너를 잊지 않을거야."

이사벨라도 아쉬운 듯 로이를 힘껏 껴안았다.

 그 후

　콜럼버스 제독은 에스파냐 왕실의 깃발을 들고 육지에 상륙했다. 핀타호의 선장 마르틴 핀손과 니나호의 선장 비센테 핀손이 각 배의 깃발인 녹십자기를 들고 뒤를 따랐다. 반란을 꾸몄던 선원들은 울면서 자신들의 잘못을 빌었다.
　육지는 나무들이 울창했고, 물도 풍부하며 과일 종류가 다양했다.
　콜럼버스는 왕실 기록관과 감독관을 불러 페르난도 국왕과 이사벨라 여왕을 위해 이 땅을 소유하려는 것을 증인으로 지켜볼 것을 명령했다.
　콜럼버스는 1492년 10월 12일 금요일에 현지 원주민들이 '과나하니'라고 부르는 섬에 상륙했고, 그 섬을 '산살바도르'라고 이름 붙였다.
　콜럼버스는 자신이 동양에 도달했다고 믿었고 죽는 순간까지 신대륙이라는 사실을 알지 못했다. 또 산살바도르 섬에서 금과 향신료를 찾았지만 생각만큼 많지 않았다.

콜럼버스는 마르코 폴로의 기록에서도 찾아볼 수 없었던 기이한 땅의 동물과 식물들을 자세히 기록하면서 식민지로 만들 곳을 찾아 쿠바와 아이티 일대를 둘러보았다.

콜럼버스는 에스파뇰라라고 이름붙인 아이티에 요새를 쌓았다. 그러고는 일행 중 39명을 남긴 후 다음해인 1493월 1월 4일에 귀국길에 올랐다.

세 달 가까이 머물면서 카리브 해역을 둘러볼 때 산타마리아호가 암초에 걸려서 침몰하고 말았다. 그래서 귀국길에는 핀타호와 니나호밖에 없었다.

콜럼버스는 돌아오는 길에 6명의 원주민들을 데리고 왔다.

무역풍을 타고 신대륙까지 순항했던 콜럼버스는 편서풍을 타고 귀항했는데 편서풍은 무역풍만큼 순한 바람이 아니었다. 아조레스 제도에 이르러서는 심한 풍랑을 만난 핀타호와 니나호는 서로 헤어졌고 콜럼버스가 승선한 니나호만이 아조레스 섬에 도착했다. 니나호는 이 섬에서 잠시 머문 후에 에스파냐로 향했다. 하지만 다시 폭풍우를 만나 심한 고생을 한 끝에 포르투갈의 리스본을 거쳐서 마침내 3월 15일, 출항지였던 팔로스에 도착했다. 헤어졌던 핀타호는 갈리시아와 산비센테를 지나 역시 3월 15일에 팔로스로 돌아왔다.

콜럼버스는 라비다 수도원에 두 주일 동안 머물면서 피로를 풀고 바르셀로나로 가서 마침내 페르난도 국왕과 이사벨라 여왕을 알현했다.

1506년 5월, 크리스토퍼 콜럼버스는 55세의 나이로 파란만장한 생애를 마감했다. 그의 무덤은 세비야의 라스 쿠에바스 수도원에 있다.

'콜럼버스의 신대륙 발견'의 의의

널리 알려진 대로 콜럼버스는 아메리카 대륙을 발견한 사람도 아니고 동방 항로를 개척한 사람도 아니다. 굳이 표현하자면 당시 유럽 세계에 전설처럼 전해 내려오던 아메리카 대륙의 실체를 확인했고 지속적인 탐사와 이주의 계기를 마련한 사람이다.

그럼에도 콜럼버스의 신대륙 발견이 인류의 역사에 있어서 가장 중요한 사건 중의 하나로 꼽히는 이유는 이것이 지리상의 발견의 계기가 되어 이후 유럽은 활발하게 대서양을 통해서 신대륙으로 진출하고, 또 인도양을 통해서 동양과 접촉하게 되었다는 점이다.

콜럼버스의 항해에 자극을 받은 포르투갈은 바스코 다 가마(1469~1524)를 적극 지원해서 인도양을 돌아 진짜 동양에 이르는 뱃길을 개척했다. 그 이후 그동안 제각각 발전해 왔던 동양과 서양은 활발하게 교류하게 되었다.

또 콜럼버스의 뒤를 이어서 많은 탐험가들이 신대륙을 탐사하면서 미지의 세계가 유럽에 알려졌고, 유럽은 식민과 이주를 통해 자신들의 영역을 크게 확장시킬 수 있었다.